나는 책을 쓰고 몸값을 올렸다

나는 책을 쓰고 몸값을 올렸다

종이책 한 권이 만들어내는 커리어의 전환점

초 판 1쇄 2025년 12월 12일

지은이 이승윤
펴낸이 류종렬

펴낸곳 미다스북스
본부장 임종익
편집장 이다경, 김가영
디자인 임인영, 윤가희
책임진행 김요섭, 이예나, 안채원, 김은진, 국소리

등록 2001년 3월 21일 제2001-000040호
주소 서울시 마포구 양화로 133 서교타워 711호
전화 02) 322-7802~3
팩스 02) 6007-1845
블로그 http://blog.naver.com/midasbooks
전자주소 midasbooks@hanmail.net
페이스북 https://www.facebook.com/midasbooks425
인스타그램 https://www.instagram.com/midasbooks

© 이승윤, 미다스북스 2025, *Printed in Korea*.

ISBN 979-11-7355-617-3 03190

값 18,000원

미다스북스는 다음세대에게 필요한 지혜와 교양을 생각합니다.

종 이 책 한 권 이 만 들 어 내 는 커 리 어 의 전 환 점

나는 책을 쓰고 몸값을 올렸다

이승윤 지음

*** 초판 한정 ***
블로그 운영 관리
CBL BonB 솔루션
1주 체험 쿠폰 증정

레드오션 시장에서 나만의 파워브랜딩 만드는 법
"종이책 한 권으로 내 인생이 바뀌었다."

★★★★★
주담대 없이
아파트 분양에
성공한 1세대
파워블로거

★★★★★
책 한 권으로
1년 만에 누적 수강생
5,000명 전국 투어
북토크 진행!

★★★★★
네이버 마케팅
광고대행으로
80억 매출
신화 달성

미다스북스

책 한 권 낸다고 '내 삶이 달라질 수 있다?!' 말장난이 아니다.

그 정도로 가치 없는 일이라면 책 쓰기를 두려워하는 사람은 없을 것이다.

또 내가 굳이 당신에게 권하지 않는다. 고민할 필요 없다.

고민할 에너지가 있다면 도전하라.

책을 쓰면 방심하지 말고, 반드시 퍼스널브랜딩을 위한 SNS 마케팅을 하자.

아마도 1년간 숨 가쁜 시간을 맞이하게 될 것이다.

생각보다 많은 곳에서 당신을 강사로 불러줄 것이다.

영감은 천재에게 주어지는 선물이며, 마감은 작가에게 주어지는 구원이다.

마감이 없다면 당신의 이야기도 없다.

심장이 쫄깃하게 데드라인을 사랑하라. 결국 당신을 살린다.

완벽한 글쓰기는 없다. 그냥 써라. 쓰고 고쳐라.

마지막까지 쓰는 사람이 이긴다,

부끄러운 것은 '실패'가 아니라, 평생 '써볼걸….' 하며 끝나는 인생이다.

4장

욕심내지 않고 대우받는 세상

: 이미 당신은 성공했다

5장

명함의 무게가 달라진다

: 퇴고만 한 달, 포기하지 말자

난 책 한 권으로 브랜딩 파워를 누리고 있다

2007년 이후 난 또 한 번의 터닝포인트를 고민했다.

어떻게 하면 브랜딩을 초고속 도약시킬 수 있을까?

나는 퍼스널 브랜딩 전문가이자

블로그마케팅 전문인이기도 하다.

네이버의 알고리즘을 독파하여

상위 노출을 잘하는 국내 탑티어다.

자, 어떻게 하면 나를 잘 증명할 수 있을까.

나는 도전을 두려워하지 않는 사람이다. 목표를 달성할 수 있다면 수단과 방법을 가리지 않는다. 불법행위만 빼고 말이다. 주변 지인들에게 물어보고 인터넷 서칭을 해보았다. 탄탄한 브랜딩 파워를 만드는 루트에 대해서 말이다. 다양한 의견과 정보들을 토대로 정리된 전략은 바로 책을 써 작가가되는 것이었다. 솔직히 자신이 없었다.

첫째. 내가 책을 많이 읽는 타입이 아니다. 분주병에 빠져 독서의 기회는 늘 후순위였다.

둘째. 글쓰기에 진심이지만, 책 쓰기에도 내 재능이 통할 수 있을지 의문이었다.

셋째. 과연 얼마나 많은 독자들이 내 책을 구매해 주고 사랑해 줄지 고민이었다.

다만 초보자들과 비교당하는 내가 너무 자존심이 상했다. 그들과 경쟁할 생각은 없었다. 어차피 실력 차이가 너무 많이 난다. 다양한 의문 속에 내가 책을 발간하기로 결단하게 만든 결정적인 이유가 하나 있다. 아무나 쓸 수 없는 콘텐츠이며, 작가라는 직업이 블루오션이라는 것이다. 그렇게 나의 개인 저서가 한 권 발간되었다.

아주 잠시 폭풍전야처럼 조용했던 내 주변은 서서히 그리고 확실하게 급변하고 있었다. 나를 바라보는 시선이 갑자기 달라졌다. 기존 수강생분들께서 작가님으로 호칭을 바꿔 주셨다. 나를 자랑스럽게 여기는 분들을 통해 이곳저곳에서 소개가 일어났다. 모 네트워크 모임에서는 블로그 강사가 저서 특강하는 모습을 처음 봤다며 무대에 세워 주셨다. 이를 통해 또 많은 소개가 발생되고 인연과 기회들이 연결되었다. 국내 1위 광고대행사의 유튜브에 블로그마케팅 저서가 소개되었다. 그리고 전국의 여러 지자체들이 내 블로그를 보고 연락을 주시고 강의 섭외 요청을 하셨다.

물론 나도 내 콘텐츠의 홍보에 힘쓰며 블로그 및 각종 SNS에 노출을 시켰지만!

책이 늘 후순위로 밀리는 시대라, 독자들이 얼마나 사랑해 주실까 걱정했던 것은 기우였다. 기대 이상의 많은 변화가 동시다발적으로 일어났고, 덕분에 나는 전국 투어 특강을 할 수 있었다. 대학교 지자체 기업 등에서 개인과 단체 시간 강의료가 30~50만 원 책정되었다.

그렇게 1년 뒤 개인레슨 강의료를 3배 가까이 올릴 수 있었고, 현재의 나는 CBL의 매니징을 통해 활동을 하고 있다. 결국 파워브랜딩이 완성된 셈이다. 난 증명했다. 그러나, 내 목표가 워낙 높다보니… 아직 배는 고프다. 아직은 도달하고 싶은 목적지가 많다. 기다려라, 이 책을 읽고 있는 당신도 그 중 하나이다.

책 쓰기를 기회로 파이프라인 세팅

2007년 난 궁금한 게 하나 있었다. 평생 먹고살 수 있는 직업이 없을까?

'정년 없는 직업을 찾아보고 싶다.' 이런 고민에 빠졌다. 지금은 우리 모두의 고민일 것이다. 당시 나는 박봉의 웹 에이전시 일을 하고 있었다. 연봉도 배고픈데 적성에도 맞지 않았다. 미래가 걱정되는 상황에서 우연히 발견하여 똥배짱으로 이직을 시도했다. 바로 광고회사였다. 당시는 대한민국에 핫한 마케팅 채널은 네이버가 유일하다시피 했고, 다행히 적성에 맞았다. 이 기회를 계기로 나는 파워블로그가 되었다. 그렇게 약 20년 블로그 때문에 웃고 울었다.

국내 나만큼 블로그를 오래 운영했거나, 연구했던 사람도 드물다. 그렇게 십수 년 마케터로서 커리어를 쌓았다. 그만큼 블로그를 사랑하며 글쓰기에 진심이다. 어떤 일에 대한 재능이 있고 심지어 즐기는 사람은 절대 이길 수 없다는 말이 있다. 블로그를 향한 나의 열정이 그렇다. 그런 내가 강의를 한다고 했을 때 나를 잘 아는 사람들은 응원했고 스터디를 함께하기도 했다. 블로그 시장이 현재 하향세라는 우려의 목소리들이 있다. 이건 유튜브 인스타 마케터들이 만든 말이다.

난 단 한 번도 의심한 적이 없다. 그만큼 블로그의 정체를 낱낱이 알고 있다. 어떻게 운영해야 수익이 될 수 있는지 말이다. 내가 당신에게 글쓰기에 익숙해지기 위해 블로그를 운영해 보길 권했지만, 블로그는 행사, 강의, 책 판매, 협찬 등모든 것을 만들어낼 수 있는 보물이 될 것이다.

전문가들을 위한 길잡이 역할

길어야 5개월, 당신은 결과를 만들 수 있다.

글쓰기에 성향이나 적성은 관계가 없다. 이 단어는 나약함이 만든 핑계다. 이 책은 당신에게 용기와 책을 집필해야 할이유를 주기 위해 제작되었다. 우리 모두는 책 쓰기를 시작하기 전 막막함을 느낀다. 어떤 주제 또는 콘셉트로 방향을잡으면 좋을지 모른다는 두려움이 근원이다. 이에 나는 그런막막함의 근원을 제거하기 위해 '워크북'을 각 장 사이사이에고스란히 담아놓았다. 여기에는 당신이 책을 설계할 수 있는A~Z까지 솔루션을 확인할 수 있다. 이것은 작가 양성 코칭커리큘럼과 크게 다르지 않다.

총 15가지 형태의 짜임새 있는 카피로 당신에게 영감을 얻을 수 있는 다양한 기회를 제공한다. 그 안에는 목차의 구성부터 어떤 포인트에 힘을 주어 글을 설계하면 좋은지 기승전결이 담겨 있다. 최종 투고를 하는 방법까지 길잡이 역할이될 것이다. 이런 실무적인 솔루션을 담은 책은 아마도 구경하기 어려울 것이라고 확신한다. 나아가 이 책은 나의 작가코칭 로드맵의 교재로도 활용될 예정이다.

그리고 책 전반으로 스스로 마케팅을 할 수 있는 힘을 키우도록 방향을 제시하고 있다. 이것은 당신이 베스트셀러를 집필할 수 있는 길을 안내한다. 그러니까 결과를 만들 수 있다고 믿고, 책 쓰기를 시작해보자.

당신의 값어치는 무엇으로 증명되는가

: 책만큼 강한 브랜딩은 없다

1장을 읽기 전에

이 장은 '종이책 한 권이 개인의 신뢰와 브랜드를 어떻게 증명하는가?'를 다룹니다. 로컬 경쟁 환경에서 종이책은 복제 어려운 차별화 근거가 되어 소개·초청·협업의 질과 빈도를 바꿉니다. 또한 전자책·SNS의 한계를 짚고, 출간 이후 마케팅과 자기관리까지 포함한 실전 흐름을 제시합니다.

#종이책   #브랜딩   #가치증명

#차별화   #기회확장

1

종이책 한 권으로
만드는 값어치

나는 당신에게 한 가지 질문을 하고 싶다. 현재 300~400
만 원 월급으로 만족하며 살고 있는 직장인인가, 적당한 벌
이에 행복한 평범한 비즈니스인인가, 만약 위 두 가지에 해
당한다면 당신은 지금 이 책을 보고 있지 않았을 것이다. 그
렇다면 내가 당신이 어떤 비즈니스 성향의 캐릭터인지 맞추
어 보겠다. 당신의 머릿속에는 온통 이런 생각뿐일 것이다.
사업을 어떻게 하면 더 키울 수 있을까, 더 좋은 서비스를 기
획해서 돈을 많이 벌고 싶다. 아마도 매일매일 이런 고민에
잠 못 드는 밤을 보내고 있을 것이다.

열정적인 만큼 무엇을 하든 욕심이 많다. 야망이나 출세욕이 강할 것이다. 내가 지금까지 만나본 CEO들은 하나같이 에너지가 있었고 사업에 대한 목표가 분명했다. 만약 자신의 비즈니스를 향한 열정, 야망, 브랜딩에 대한 욕심이 없는 사람이라면 이 책을 덮어라! 그런 당신을 설득하기 위해 굳이 작가라는 길을 권하고 싶지는 않다.

나는 비즈니스 컨설팅을 하는 일은 한다. 그들을 만날 때 공통된 질문을 한다. 대표님은 이 사업을 왜 시작하셨나요, 목표가 있으신가요. 그럼 첫 번째 코멘트는 하나같이 비슷하다. "돈 벌고 싶어 시작했어요. 이것밖에 할 줄 몰라서요." 거의 열에 아홉은 이렇게 말씀하신다. 누가 당신에게 "자기소개 해보세요." 또는 "본인 사업 소개해 보세요."라고 물어보면 뭐라고 말할 수 있을까? 보통은 준비된 멘트가 없다.

　여기서 '로드맵'이라는 것이 없다면 진행은 불가능하다. 이
때 나는 질문을 바꾼다. "그럼 대표님, 이 사업을 시작하게
된 계기가 무엇인가요."라고 질문하면 다른 답변이 온다. '아'
다르고 '어' 다르다는 말이 있다. 분명 의미가 동일해 보이지
만 질문이 바뀌면 피드백이 달라진다. 그리고 사업을 결단하
게 된 동기와 어떤 목표가 있는지 명확하게 하나둘 알 수 있
게 된다.

〈목표지향 슬로건 예시〉

아름다운 미소를 디자인하는 오앤오치과
사고력이 성장하는 상상캠퍼스 해피드로잉

물론 우리는 돈을 벌기 위해 직업을 갖는다. 그러나 그 직업을 선택한 이유가 돈이 전부는 아니다. 그렇게 경험과 경력을 쌓으며 나의 전문 분야에서 최고의 브랜드가 되기 위해 노력했다. 당신의 실력이나 노하우가 특별하다면 게임은 끝났다. 이제 보상받는 일만 남은 것이다. 그런데 우리가 놓친 중요한 포인트가 있다.

한 가지 예를 들어보겠다. 당신이 로컬지역에서 피트니스센터를 경영하는 사장님이라고 가정해 보겠다. 시설, 인테리어, 운동실력, 코칭 노하우 모두 흠 잡을 것 없고 서비스 마인드까지 충분하다. 그래서 당신을 아는 사람들은 모두 당신의 서비스를 좋아한다. 그런데 문제는 우리 동네에 피트니스센터가 내 사업장 하나만 있는 것이 아니다. 같은 지역에 여

나는 책을 쓰고 몸값을 올렸다

러 개의 크고 작은 운동센터가 있으며 심지어 가까운 옆 동네에도 있을 수 있다. 그렇다면 그들과의 차별화를 증명해야 하는 과제가 남게 된다.

나는 의정부 ○○동에 위치한 운동센터를 컨설팅 해 본 경험이 있다. 한동네에만 20개 이상의 운동센터가 있었다. 그들은 현재도 존재할 것이다. 경쟁에서 우위에 서야 하므로 생각만 해도 너무 피곤한 상황이다. 처음 해당 센터를 컨설팅하기로 했을 때 고민이 적잖았다. 나름의 분석과 전략은 세웠지만, 내가 하는 것은 대행이 아니라 코칭이다. 결국 센터를 운영하는 대표님의 의지가 없으면 어떤 좋은 전략도 의미가 없게 된다는 말이다. 그럼에도 당신은 노하우나 경력 등 경쟁사에 비해 '우월하다'고 생각한다. 그래서 내 사업장은 잘되어야 한다 고 주장하고 싶을 것이다.

그렇다면, 경쟁사 사장님들의 생각은 과연 어떨까. 우습게도 모두들 본인이 가장 잘할 수 있다고 생각하며 사업장을 오픈했다는 사실이다. 그리고 그런 콘셉트로 마케팅 경쟁을 하는 게 현실이다. 운동을 잘하려면 어디를 선택하면 좋을지 그 과제는 고스란히 고객의 몫이 된다. 더 나은 브랜딩, 그 이상의 특별함이 없다면 그들의 선택은 결국 돈이 된다. 고객의 입장에서 당신은 운동선수 이상도 이하도 아니다. 실력을 확인하는 타이밍은 서비스의 만족도 다음 순서니까 말이다.

고객을 만날 기회가 없다면, 자력으로 스스로의 능력을 증명하는 힘은 '제로'라고 볼 수 있다. 너무 팩트 폭격인가? 억울하겠지만 소비자가 바라보는 당신은 겨우 그 정도이다. 그럼, 당신의 뛰어난 스펙을 어떤 방식으로 고객에게 증명할 수 있을까.

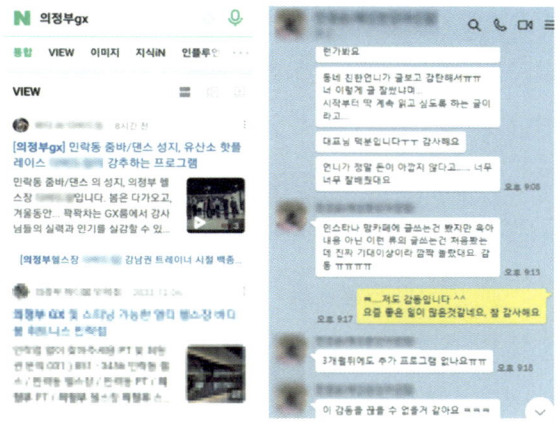

　치열한 경쟁 속에서 차별화에 어려움을 겪었지만, 사장님은 나를 믿고 따라와 주셨다. 참고로 나를 만나기 전 블로그, 인스타 체험단만 1년을 진행했지만, 아무 효과를 보지 못하셨다. 물론 체험단은 좋은 전략임에는 분명하다. 그러나 정체성이 빠진 체험단은 확장이 어렵다. 요즘 트렌드한 유튜브, 스레드, 인스타 블로그 등을 활용해 볼 수는 있다. 그러나 이것이 해답이 되기는 어렵다. 조금만 학습하면 누구나 할 수 있는 마케팅 툴이다. 남들이 쉽게 흉내 낼 수 없는 빌드업이 필요하다.

당시 나는 의정부에 위치한 운동센터 사장님을 도와드리며 블로그 1개로 1000%의 성과를 만들어냈다. 사장님은 매일 같이 꾸준히 글을 썼으며, 글을 쓸 때마다 나에게 질문을 주셨다. "키워드 이렇게 써볼까요.", "카피는 이렇게 구성해 볼까요.", "이런 내용(소재)로 글 쓴다면 마케팅 효과가 어떨지 등" 정말 귀찮아 죽겠다 싶을 정도로 질문을 주셨다. 자신의 주체적인 입장보다 나의 기획에 온전히 의존해 주신 것이다. 이처럼 수강생의 자세도 정말 중요하다. 나 혼자 잘해서 만든 결과가 아니다. 호흡이 매우 중요하다는 말이다.

[공지] 유튜브수익화 5년차 N잡러 워킹맘 유나쌤의 SNS콘텐츠 컨설팅 솔직 토크

콘텐츠 멘토 유나 2025. 6. 26. 16:34

안녕하세요. 유튜브수익화 5년차 N잡러 유나입니다. 처음 제가 유튜브를 시작했던 때가 생각나는 요즘입니다. 아기와 같이 회사는 다닐 수 없었고, 한푼이라도 아이를 키우면서 뭔가 집에서 할 수 있는 일 없을까 하다가 우연히 시작하게 된 유튜브, 그 유튜브가 제 인생을 이렇게 바꿔놓을 줄은 몰랐습니다.

<퍼스널브랜딩 글쓰기 성공 사례>

나는 책을 쓰고 몸값을 올렸다

대부분 블로그는 '우리 서비스가 좋다, 그러니까 지금 당장 이용해 보세요.'와 같은 식상하고 뻔한 글만 기록하고 있다. 블로그에 '광고하면 안 된다.'는 이야기가 아니다. 당신의 정체성이 빠진 광고성 글만 쓰는 행위는 더 이상 통하지 않는다. 앞의 〈퍼스널브랜딩 글쓰기 성공 사례〉 이미지는 유튜브 컨설팅 전문가의 블로그다. 블로그에 게시 글이 30건 정도로 많은 것도 아니며 하루 방문자는 100명에 불과하다. 그럼에도 퍼스널브랜딩 글쓰기 두 건으로 매월 컨설팅 문의가 발생하고 있는 대표적인 사례다.

우리가 생각하는 일반적인 수익형 블로그를 생각해 본다면 믿기 힘든 성과다. 나의 멘토링 노하우를 여기서 모두 말할 수는 없지만 가장 중요한 포인트는 하나다. 바로 퍼스널브랜딩이 필요하다. 블로그는 누구나 하고 있다. 그래서 일반적인 전략은 절대 통하지 않는다.

여기서 step by step으로, 누구나 쉽게 접근할 수 없으며 진입장벽이 두터운 마케팅 전략이 필요하다. 나는 그것을 책이라고 말한다. 요즘은 챗GPT 통해 '전자책'을 만드는 게 하나의 유행이다. 미안하지만 그 또한 누구나 쉽게 접근할 수 있다. AI의 발달로 인하여 전자책은 어지간한 인사이트만 있으면 1시간에 1권을 쓸 수가 있다. 다만 출판사나 서점을 통해 발간되는 콘텐츠가 아니므로 공신력 부분에서는 매우 약하다. 전자책으로 브랜딩을 잘하는 사람이 분명히 있다. 하지만 그런 사람은 단지 전자책 하나가 무기가 아닐 것이다. 전자책과 자신을 동시에 홍보하는 사람은 마케팅에 재능이 있는 대상이다. 센스가 없다면 불가능하다.

나는 책을 쓰고 몸값을 올렸다

결론을 지어보겠다. 당신이 생각하는 쉬운 길이 누구나 할 줄 아는 것이라면 경쟁력을 기대할 수 없다. 그렇다면 다른 길로 가야 한다. 누구나 쉽게 접근할 수 없는 책을 써보자. 업계 정상에 서 있는 인재들 가운데 개인 저서 한 권 없는 사람은 매우 드물다. 그들이 증명하듯 책은 나를 홍보하는 데 최고의 전략인 것을 모르는 사람은 별로 없다. 다만 마음의 결단과 실행에 옮기는 사람은 상당히 희소하다. 소책자를 쓸 것이 아니라면 약 200페이지 분량의 전문 칼럼을 만드는 일은 어렵다. 진짜 전문가가 아니고는 말할 소재가 없을 것이다.

물론 책을 쓰자마자 브랜딩이 끝나는 것도, 갑자기 큰돈을 버는 것도 아니다. 그러나 그것은 새로운 시작점이 된다. 당신의 삶에 작가가 되기 전후의 네임밸류가 달라진다. 또한 작가로서 퍼스널브랜딩을 얼마나 잘해주느냐가 경제적 변화를 약속해 준다. 책을 낸다고 브랜딩이 끝나지는 않는다. 그게 아니라면 서점에 널린 책들을 저자는 모두 부자가 되었을 것이다. 현실은 그렇게 녹록지 않다. 결국 마케팅이 필요하다는 소리 같지만, 마케팅의 효과의 질이 달라진다. 당신의 가치를 설명하기에 충분하다. 그리고 발간 후 1년은 기대해도 좋다. 내 이름을 걸고 보장한다.

2

'서울대 졸업장'
부럽지 않은 리스팩

나는 퍼스널브랜딩 코치로 활동을 하고 있다. 정확히는 블로그 마케팅을 활용한 브랜딩 컨설팅을 하고 있다. 인플루언서를 양성하는 동시에 전문직 자영업자 대표님들을 만날 기회가 정말 많다. 그들과 소통을 하다 보면 크게 두 가지 고민거리를 안고 계신다. 매출 그리고 기업 또는 개인의 브랜딩이다.

전자는 돈이면 해결이 가능하기도 하다. 특히 로컬 사업장은 마케팅이나 소문을 통해 로드 고객이 많이 발생하면 된다. e커머스의 경우 리뷰 마케팅만 잘 형성되면 성장은 시간이 해결해 준다. 그러나 개인이나 서비스의 브랜딩을 고민하는 분들은 방향이 조금 다르다. 제조 혹은 유통, 병원, 아티스트, 기타 프리랜서 전문가들을 예로 들 수 있다.

브랜딩에 최적화된 수단으로 나는 블로그 마케팅을 강조하는 편이다. 블로그는 수단에 불과하지만 초기 브랜딩을 성공시키고 싶다면 절대적으로 필요하다. 국내 인터넷 시장에서 네이버의 높은 점유율이 그 증거이다. 기타 인스타 유튜브 등 마케팅은 블로그를 바탕으로 확장성을 고려할 때 필요한 전략적 매체라고 할 수 있다. 네이버 블로그가 좋은 이유는 우선 좋은 정보성 콘텐츠를 상위 노출 시켜준다. 그리고 해당 콘텐츠의 완성도가 높은 경우 큰 변화 없이 순위가 보장된다. 상위 2~3등의 위치에서 매일 보일 수 있다면 당연히 인지도와 전환률은 높아진다.

그에 반하여 유튜브와 인스타는 아무리 좋은 영상(쇼츠, 릴스)을 만들어도 트렌드가 상시 변동된다. 브랜딩의 상대적 차이가 여기에서 발생한다고 해도 과언이 아니다. 장기적 관점에서 볼 때 온라인마케팅은 수익화를 위해 매우 좋은 수단이다. 다만 매체에 너무 의존하면 온라인이라는 시장에서 벗어날 수 없다. SNS 검색노출은 기회를 만드는 역할 이상을 기대할 수 없다는 말이다.

나의 사례를 잠시 이야기해 보겠다. 나는 광고대행사 출신이며, 퍼스널브랜딩 전문가다. 비즈니스 네트워크 모임을 즐기며 사람들과 관계 속에서 강의 의뢰를 꾸준히 받고 있다. 당연히 수익이 괜찮다. 나에게 강의를 요청하는 대상은 크게 두 종류다. 최소 비용으로 최대 효과를 만들고 싶은 소상공인 사업가와 브랜딩 빌드업을 희망하는 SNS(유튜버, 인스타) 인플루언서들이다. 이들은 언제나 더 나은 위치의 퍼스널브랜딩에 목말라 있다.

　나의 강의는 단순 스킬을 학습하는 것이 아닌 컨설팅의 성격이 강하다. 그래서 그들에게 인기가 높은 편이다. 브랜딩에 절실한 만큼 강의를 신청하신 모두에게 성과를 안겨드렸다. '브랜드블로그'라는 동일한 매체로 말이다. 블로그는 운영전략에 따라 1개월 내외로 수익 전환이 가능하다. 수익화 퍼포먼스는 안정적이며 무엇보다 내가 제공하는 서비스에 확신이 있었다. '머잖아 난 업계 정상에 설 수 있을 거야.' 당연히 그렇게 확신했다. 누구라도 그렇게 생각하지 않았을까 싶다. 그런 내가 2023년 새로운 관점을 만나며 충격을 받은 경험이 있다.

평소 소개로 연결되었던 인연들이 많았는데, 우연한 만남 속에 의미심장하게 꽂힌 메시지가 하나 있었다. "실력은 있으신 것 같은데 대외적인 노출이 없네요. 앞으로 노력을 많이 하시면 좋겠습니다." 솔직히 당시 나는 크게 당황스러웠다. SNS에는 온통 나의 후기로 도배가 되어 있다. 중소기업 CEO분들을 대상으로 오프 미팅, 강의를 많이 하고 있으며 온라인보다 현장 중심으로 대외적인 활동을 하고 있다.

그렇게 노출된 나의 기록들은 인스타그램, 블로그에 고스란히 담겨 있다. 그 게시 글을 보고 강의 문의를 하는 사람들이 많다. 그래서 스스로는 콘텐츠 노출이 상당히 되어 있다고 생각하는데 왜 저런 말씀을 하시는 걸까 궁금했다. 내 정보를 검색해 보셨을 텐데 말이다. "대표님, 혹시 제 정보를 인터넷에서 검색해 보셨을까요?" 대표님께서 생각하는 '대외적인 노출'의 의미에 대해 궁금한 당장 풀어야 하는 성격이라 단도직입적으로 질문을 드렸다.

그리고 나는 그분이 말씀하시는 대외적 노출의 개념에서 3가지 팁을 얻었다. 저서 출간, 기업 강연, 자기 관리가 그 힌트였다. 요즘 핫한 유튜브나 인스타 같은 온라인 플랫폼도 아니었다. 위 3가지를 모두 만족한다면 지금보다 활동 스펙트럼이 훨씬 넓어질 것이라고 하셨다. 이미 그분은 위 3가지를 모두 수행하고 있었고 심지어 연봉 10억을 달성한 주인공이다. 신선한 충격이었다.

다만 그 길을 걷고 있는 사람이 하는 말이니 이유가 있을 것이라 믿고 나는 실행에 옮겨보기로 했다. 어쨌든 난 퍼스널브랜딩의 전문가이고 도전을 두려워하지 않으며, 내 브랜딩을 위한 것이라면 무엇이든 닥치는 대로 실행하는 스타일이다.

기업 강연은 당시 경험이 없었기 때문에 물리적인 시간이 필요했고, 저서 출간과 자기관리에 들어갔다. 자기관리란 몸을 만들라는 의미이다. 건강한 매력적인 강사가 기업이 가장 선호하는 명사라는 뜻이다. 믿거나 말거나 약 백만 원을 투자해서 4~5개월 바디프로필 준비에 들어갔다. 이어서 내 주특기 블로그의 인사이트를 담은 책을 만들기 시작했다. 소득이 끊어지면 안 되므로 강의 활동을 쉴 수는 없었다.

그와 동시에 몸만들기랑 책 쓰기를 하자니 생각보다 체력적 어려움이 많았다. 하루 세끼를 닭 가슴살, 감자 한 덩어리, 샐러드(드레싱 제외)만 먹었다. 그밖에 탄수화물은 섭취하지 않았으며 견과류를 가식으로 조금 챙겨 먹는 정도다. 책 쓰기와 몸만들기, 컨설팅, 커리큘럼 기획, SNS마케팅 등 4가지 이상의 업무를 동시에 수행했다. 갈수록 에너지가 고갈되어 힘에 부쳤지만 바디프로필 촬영 전날까지 창원 지방 강연을 하기도 했다. 아직도 어제 일처럼 기억이 난다. 그렇게 스스로와 경쟁에서 꿋꿋이 승리하며 5개월 뒤 바디프로필 촬영에 성공했다. 그와 거의 동시에 나의 야심작『1퍼센트 블로그 마케팅의 법칙』출간에 성공했다. 정말 열정만큼 미치

도록 매달렸다.

그렇게 약 5개월 이상의 여정을 마쳤는데, 당장에 현실에서 변화는 없었다. 바디프로필 포토를 SNS에 공개했고 팔로워들의 축하와 응원은 있었다. 다만 소득으로 연결된 것도 강연 섭외도 없었다. 책의 출간 소식에도 많은 이들에게 축하를 받았지만, 현실감은 없었다. 처녀작을 발간한 작가들은 책을 내면 유명해질 것이라는 생각을 한다. 브랜딩의 끝판왕을 완성했다고 생각할 것이다.

착각하지 마라. 미안하지만 당신이 한 일은 고작 종이책 한 권을 서점 책장에 올려놓았을 뿐이다. 이제부터 해야 할 일이 있다. 바로 마케팅이다. 블로그나 인스타 등을 통해 스스로가 작가이며, 강연할 준비가 되었다는 소식을 끊임없이 알려야 한다.

공교롭게도 국내 대다수 작가는 마케팅력이 없다. 그래서 본인의 책이 팔리고 있는지 인세 수익이 내 통장에 들어오는지 잘 모른다. 난 그런 분들에게 잘 팔리는 책을 만드는 방법을 알려드리고 싶다. 이 책을 쓰는 이유 퍼스널브랜딩에 힘을 실어드리기 위함이다.

　내가 책을 처음 내고 한 일은 내가 가진 것을 활용해서 홍보에 힘을 주고 기회를 만드는 일이었다. 2023년 4월 블로그 관련 책을 출간하고 북토크 등의 행사로 전국을 투어하며 나를 알렸다. 서울 대전 대구 부산 목포 광주 포항 등 많은 분들의 초대를 받으며 투어를 성공할 수 있었다. 보통 강사는 본인의 강의를 홍보하며 모객하고 성장한다. 그런데 나는 당시 내 강의를 별로 홍보하지 않았다. 그럼에도 전국을 순회할 수 있었던 원동력은 수강생 인프라였다. 기쁘고 감사한 일이다. 그 기회를 시작으로 각종 모임에 초대받아 행사를 진행하는 일이 가능했다. 여기에 광고비나 기획에 대한 에너지는 필요 없었다.

그렇게 1년을 활동하면서 느낀 것이 있다.

첫째, 책은 나의 가치를 높여준다. 작가라는 이름으로 전국을 강연 행사를 할 수 있는 힘을 제공한다. 누가 나를 소개할 때 자신 있게 소개할 수 있다. 그렇게 소개된 강연에 최선을 다하면 사람들은 나를 더 찾게 되고 소개는 더욱 활기차게 연결된다. 책을 발간하기 전에 내가 책을 쓰고 있다는 사실을 알려야 하는 이유가 여기에 있다. 주변 사람들이 나의 계획을 모르면 기대도 소개해 줄 생각도 안 한다. 그러니 당당하게 알려라! 책을 썼다는 사실 하나만으로 이미 나의 가치는 그들에게 인정된 것이다.

둘째, 자기관리를 잘하는 강사에게는 매력, 열정, 에너지가 있다. 그렇다고 모두가 바디프로필을 준비할 필요는 없다. 이건 나의 방식일 뿐, 당신은 당신에게 맞는 자기관리를 위한 고민을 해보자. 할 수 있는 일은 많다. 등산, 요가, 필라테스 등 운동의 종류는 다양하다. 특별한 취미생활을 만들어보는 것도 추천한다. 그렇게 나의 브랜드 빌드업을 마치고 나니, 준비를 마친 나에게 세상이 기회를 주기 시작했다.

과거에는 퍼스널브랜딩 강사로 나를 홍보할 때는 수많은 강사 중 한 명이라는 인식이 강했다. 기업, 캠퍼스, 기관 등의 강연 기회가 없어서 단체교육 경험을 쌓기 어려웠고, 맨투맨 강의도 낮은 단가로 제공했다. 물론 누구에게나 처음이라는 시기가 있다. 그러나 나의 처음이 마케팅 경력 15년이 흐른 시점이라는 것은 밸런스가 맞지 않는다고 생각했다. 커리어 경험이 이만큼이나 풍부한데, 강사로 인정할 수 없다는 건가? 왜 나를 불러주지 않지? 여기에 의구심을 떨칠 수 없었다.

　보통 캠퍼스, 기업 등에서 강연 의뢰가 있으면 명사들이나 대학교수님들은 시간당 50만 원부터 강사료가 시작된다. 모르는 이가 없겠지만 교수님이라는 타이틀은 석박사 과정을 졸업한 대상에게 주어지는 칭호다. '교수님'이 되려면 논문도 쓰고 개인 저서가 있어야 한다. 나는 대학원 문턱도 가본 일이 없다. 위 기준으로만 해석한다면 나는 평생 고액 강의료로 서비스를 제공하는 일은 꿈도 꿀 수 없다.

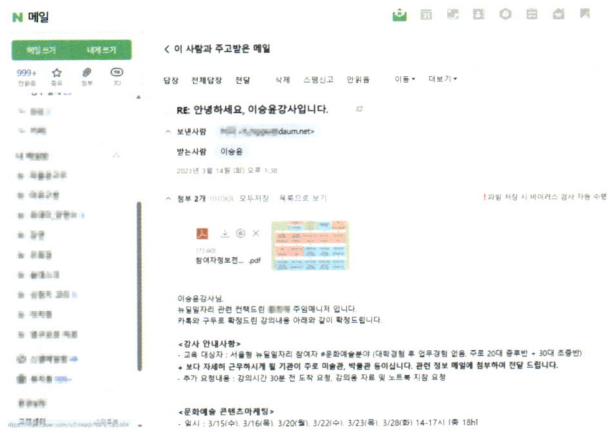

여기서 꿈이나 목표를 접어야 하는가! 아니다! 내 책이 유명해지니 블로그나 SNS를 통해 나에게 강의 의뢰가 들어왔다. 내가 마케팅하지 않았는데 제안이 들어온 것도 놀라운 포인트였지만, 강연료가 달랐다. 돈을 준다는데 안 받을 이유는 없었다. 보통 일반 강사들의 강연료는 시간당 15~20만 원, 교수급의 명사 강연료가 시간당 40만 원 이상이다. 그리고 스타급 강사의 시간당 강의료가 100만 원 이상이 된다. 이때 제안 받았던 나의 시간당 강의료는 40만 원 이상이었다.

과연 S대 졸업장 하나로 이런 기회를 얻을 수 있을까? 그럴 수 없다. SKY캠퍼스 졸업장만 있으면 대우받고 취업이 보장된 90년대가 아니다. 지금의 현실은 냉정하다. 당신의 지인 중에 졸업장도 빵빵하고 업무능력까지 좋아서 대기업에서 엄청난 대우를 받는 사람이 있을 수 있다. 내가 이 책을 집필하며 당신에게 선물이라는 의미를 부여하는 이유이다. 앞서 언급했듯 전자책은 아무리 많아도 나의 존재감을 알리는 정도까지의 브랜딩이 한계다. 전자책 10권 만들 에너지를 종이책 한 권에 집중하자. 당신의 대외적 가치가 달라진다.

3

빠른 브랜딩을 위한
최고의 마케팅

'군 입대, 첫사랑, 작가, 부동산 등' 이 단어들에는 공통점이 한 가지 있다. 경험을 해보지 않으면 절대로 느낌을 알 수 없다. 후기를 타인들에게 들려 줄 수 없다. 나는 작가 커뮤니티에 소속되어 있었다. 당시 나보다 먼저 책을 발간한 선배들이 많았고 주변에 편집장들도 있었다. 난 작가 지망생이었으니 그 세계를 이해하고 학습하려면 인맥이 필요했다. 그리고 그 안에서 내가 가장 많이 들었던 이야기가 있다. '책을 내면 달라진다.'였지만 당시에는 그다지 체감이 되지 않았다. 내가 보기에는 그들도 별로 대단해 보이지 않았기 때문이다. 잠시 후 설명하겠지만 여기에는 마케팅이라는 수단이 절대

나는 책을 쓰고 몸값을 올렸다

적으로 필요하다.

　현재 나는 광고대행사 출신이며 블로그마케팅 18년 경력자다. 그 커리어를 바탕으로 현재 강연행사 및 강사 활동을 하고 있다. 그런데 내가 처음부터 강연 행사를 다녔던 것은 아니다. 18년 경력과 강의 기회가 반드시 비례하지는 않는다고 말해주고 싶다. 행사는 커뮤니티가 형성된 개인, 기관, 기업들이 나를 초대해 주어야 가능하다. 나의 수강생이 대한민국 천지에 널렸다면 그 인프라를 활용한 행사는 얼마든지 가능하다. 그러나 이것도 어느 정도 규모의 팬덤이 있어야 가능한 일이다. 나의 20년 가까운 경력을 누가 인정해 줄 수 있을까. 마케터라면 그 수준을 이해할 수 있겠지만, 그들에게 내 강의는 필요 없다.

　당신이 한 분야에 30년 차 전문가라고 해보자. 당신을 잘 아는 회사나 거래처, 그리고 주변 지인들은 인정해 줄 것이다. 그러나 지인이라는 울타리를 벗어난다면 당신은 즉시 노브랜드가 된다. 협업이 가능한 파트너를 찾기 위한 비즈니스 네트워크 모임이 요즘 핫하다. 사람들은 저마다의 이유로 이런 모임을 찾아다니며 활동한다. 모임에 가입해서 처음 대면하는 이들에게 당신의 명함을 전달해 보자. 만약 당신의 전문 분야가 대중에게 생소하다면 존중조차 받지 못할 수 있다.

그렇다면 명함만 전달할 것이 아니라 지금 당장 해야 할 일은 센스 있는 '3분 스피치'를 준비하는 것이다. 지금은 자기 피알 시대라서 누구나 3~10분 정도 나를 소개할 수 있는 시간이 주어진다. 이 기회를 잘 활용해야 한다. 나는 방금 '누구나'라는 대중적 의미의 단어를 언급했다. 이 말이 생각보다

나는 책을 쓰고 몸값을 올렸다

전문가는 너무나 많다는 것을 의미하며, 나에게 주어진 시간은 한정적이라는 것이다. 지금부터 3가지 '무조건 효과 보는 마케팅' 전략을 제시하겠다.

첫째, 작가에게 있어 나를 알리는 기회는 정말 흔하게 발생한다. '비즈니스 모임, 지인의 소개, 강연'으로 크게 3가지 경우를 꼽을 수 있다. 요즘은 비즈니스 모임의 형태가 정말 다양하다. 국내 대표적인 비즈니스 모임으로 BNI, 라이온스 등을 꼽을 수 있다. 참고로 나는 BNI 활동을 중심으로 참여하고 있다. BNI(Business Network International)는 멤버들이 서로의 비즈니스를 이해하고 소개하고 협업하는 네트워크 성격을 띠고 있다. 모임에 참여할 수 있는 기회가 생긴다면 놓쳐서는 안 된다. 당신을 어필할 수 있는 포인트가 담긴 메시지를 반드시 준비해라.

자기소개는 '내 이름, 내 사업 분야, 나의 경쟁력, 서비스 대상 등'의 요소가 해당한다. 3분 안에 전부 말할 수 있도록 일목요연한 카피를 만들자. 카피를 만들었다면 지금 스마트폰으로 시간을 재며 말하기 연습을 해보자. 당신이 평소 말하기 연습이 잘되어 있는 대상이라면 그나마 다행이다. 그렇지 않다면 무조건 멘트를 정리해두어야 한다. 발표력이 약한 사람이라면 시간 안에 포인트를 살려 알리기는 절대 불가능하다.

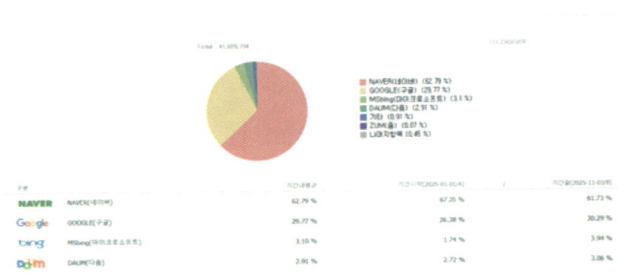

둘째, SNS 마케팅이다. 온라인 마케팅은 인스타, 유튜브, 틱톡, 스레드 등 다양한 홍보 채널들이 존재한다. 전 국민의 90%가 SNS를 사용한다. 특히 네이버 이용자가 60% 이상에 해당한다. 홍보 방법은 다양하지만, 나는 블로그를 특히 강조한다. 블로그를 제대로 경험해 보신 분들만 알 수 있는 데이터가 있다. 최단기간 브랜딩과 긍정적인 수익을 만들기에 유리하다. 경험이 없다면 인정하기 어려울 수 있다. 만약 당신 주변에 누군가 10년간 블로그를 운영했지만, 수익이 없었다면 난 분명하게 말할 수 있다. 공교롭게도 그는 블로그 운영을 잘 못 해오셨다고 말이다. 올바른 스터디를 통해 제대로 운영했다면 블로그는 한 달 만에도 수익 전환이 가능한 플랫폼이다.

블로그의 활용법을 조금만 풀어보겠다. 우선 네이버 마케팅의 핵심은 생각보다 단순하다. 키워드 활용, 퍼스널브랜딩 그리고 스토리텔링이다. 그런데 이 단순한 3가지 알고리즘을 어려워하는 분들이 상당히 많다. 대상에 따라 네이버 로직에 맞춘 글쓰기 훈련이 필요하며 그것이 가능해지면 소득은 무조건 발생한다. 소득의 루틴은 책 판매, 강연 의뢰, 서포터즈, 체험단, CPA 등 다양하다.

비단 블로그뿐 아니라 마케팅 수단은 다양하니 책 판매를 위한 목적의 홍보는 무엇이든 다해보자. 시행착오 또한 성공의 자산이 될 수 있으므로 무조건 해볼 것을 권장한다. 나는 현재 브랜딩이 필요한 분들을 위해 블로그 컨설팅도 하고 있으니 믿어봐도 좋다.

셋째, 비즈니스 모임을 나가게 된다면 반드시 모임장과 가까워지자. 그리고 강연 행사를 제안해보자. 북토크 같은 콘셉트로 행사를 진행하면 된다. 재능기부를 하든 비용을 받든 그건 당신의 자유다. 다만 오프라인 강연의 기회와 횟수를 늘리는 것은 매우 중요하다. 스스로를 강사로 키울 수 있고 지식서비스를 전달하는 좋은 기회다.

행사는 책을 대놓고 홍보할 수 있으며 구매자를 늘릴 수 있다. 작가는 강연도 할 줄 알아야 한다. 강연이라고 거창하게 생각할 필요는 없다. 독서 모임의 확장 형태로 북토크처럼 진행해도 된다. 당신이 책을 쓰게 된 동기와 독자와 소통의 포인트를 잘 정리해서 대화하는 기회를 만들자. 이것의 최종 확장 형태가 강의다. 책만 낸다고 끝이 아니다. 강의까지 할 수 있다면 3가지 빌드업이 가능하다. 사진 자료, 후기 마케팅, 책 판매가 여기에 해당한다. 나의 경우 행사를 통해 반드시 개인 및 소그룹 심화 강의 문의가 발생한다. 그렇게 또 수익 구조를 확장할 수 있다.

비즈니스 모임에 무조건 사업하는 사람만 오는 것은 아니다. 인재를 찾고자 열린 마음을 품고 참가하는 기업 교육 담당자 및 지자체 관계도 있다. 다만 첫술에 배부를 수는 없다. 그들은 당신에게 관계십을 요구할 수 있다. 처음 보았고 아무것도 증명되지 않는 당신을 명함 한 장으로 온전히 신뢰하지 않는다. 세상에는 입맛 살아 있는 허세로 가득한 사기꾼들이 워낙 많다. 조금만 인내심을 갖고 기다리자, 강연의 기회는 반드시 온다.

정리하자면 끊임없이 움직여야 한다. 영업을 하라는 말이 아니라, 사람들의 모임이 있는 자리에 당신의 존재감을 부지런히 만들자. 기회가 없고 인맥이 없어서 강의를 들어볼 기회가 없는 이들이 대부분이다. 당신 같은 작가의 인사이트를 진심으로 듣고 싶어 한다. 가만히 앉아서 누가 내 책을 사줄 것이라 기대하지 마라. 정말 한 권도 팔리지 않을 수 있다. 단체강의는 나를 노출하는 좋은 수단이 되며, 강의를 잘한다면 팬덤이 만들어진다. 인프라의 시작은 강의에서 만들어진다. 강의 기회를 소중히 여기자.

나는 책을 쓰고 몸값을 올렸다

나의 책 주제와 방향 정의

Q1 나의 전문성을 증명할 수 있는 경험은 무엇인가?

Q2 내가 책을 통해 세상에 남기고 싶은 한 문장은 무엇인가?

Q3 나의 이야기가 독자에게 어떤 의미로 남기를 바라는가?

어떤 내용을
기록할까

: 팔리지 않으면 쓰레기다

2장을 읽기 전에

이 장은 전문가가 빠지기 쉬운 '지식의 저주'에 대해 경고하며 대중과 소통하는 글쓰기의 중요성을 다룬다. 나아가 잘 팔리는 아이템이 되기 위해 대중성과 시장성을 갖춘 주제 선정, 팬과의 소통을 위한 글쓰기 방식, 책을 통한 퍼스널 브랜딩 전략을 소개한다.

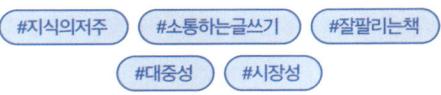

#지식의저주   #소통하는글쓰기   #잘팔리는책
#대중성   #시장성

1

대중성이 없는 글이라면
당신만 소장해라

자신의 분야에 자부심이 강하고, 공부를 많이 한 사람들 특히 학위가 높은 사람들은 '지식의 저주'에 갇히게 된다. 그 지식이 대중성이 강하고 시장이 넓고 수익성이 강하다면 괜찮다. 그러나 대부분 지식이란 실무에 거리가 먼 이론에 가까운 경우가 많다. 여기서 문제점은 이들은 책을 발간하는 것으로 만족한다는 사실이다.

'비전문가들은 잘 몰라도 어쩔 수 없어. 그들을 설득하는 데까지 에너지를 쏟고 싶지는 않아. 전문가로 인정받을 수 있는 내 이름으로 만든 책이 서점에 있다면 난 성공이야.' 이렇게 생각하는 분들이 생각보다 아주 많다.

혹시 사회적 인프라가 너무 좋거나 팬이 많다면 아쉬울 게 없다. 작가와 출판사 모두 데미지가 없을 것이다. 그런 컨디션이라면 출판사에 당신의 위치를 충분히 이해시켜서 진행해도 좋다. 혹 그 반대의 경우라면 책은 팔리지 않는다. 팔리지 않을 책은 어떤 출판사도 계약하고 싶어 하지 않는다.

당신이 전문가이고 선의 뜻으로 세상에 지식을 전달하고 싶다면 독자가 이해하기 좋고 유익한 글을 써줘야 한다. 이 포인트를 망각하고 이해가 어렵거나 재미가 없는 글을 쓴다면 팬들에게도 실례인 것이다. 주로 전문용어를 위주로 내용을 기술하거나, 세부 내용을 머릿속에 두고 기록하지 않는 경우다. 그 책은 주인을 잘못 만나서 어디에서도 팔리지 않고 환영받지 못하는 쓰레기 취급을 받게 된다. 환영받지 못하는 글쓰기 개념이 무엇인지 아래 예시로 확인하자.

〈나쁜 예시〉

전문적이거나 마니아들만 이해할 수 있는 소재로 한 글쓰기 예시
내장형 아이언 헤드의 무게중심 이동이 임팩트 시 스핀 축을 3도
회전시킨다.

위 예시는 골프를 좀 배워본 팬들은 흥미롭겠지만, 골린이
나 일반 독자는 이해가 어렵다. 지식만 전달하려는 방식에
서, 세심함을 더하여 독자의 이해를 도우려는 노력이 필요하
다는 것이다. 비즈니스 성격의 모임이나 특정 커뮤니티 모임
에 참여할 기회가 아주 많다. 사람들은 관심사가 다양하다.
비즈니스 중심 모임이 있을 수 있고, 취미나 음주와 가무 등
을 목적으로 만나는 사교모임도 있을 수 있다. 취미 모임에
는 영화, 바리스타, 호프, 운동 등의 다양한 종류가 있다. 또
요즘 AI 챗GPT가 주목을 받는 시대이다. 챗GPT를 배워 특
정 콘텐츠를 만들기 위한 스터디 모임도 많다. 자기계발을
좋아하는 사람은 연애(썸) 모임에 참여하고 싶어 하지 않는
다. 운동을 좋아하는 사람이 음주 가무 모임에 나가면 어울

리기 어렵다.

저마다의 관심사에 따라 사람들은 이동한다. 지극히 개인적인 주제를 탈피하고, 관심사를 생각하라는 것이다. 이 미션을 완수했다면 이제 겨우 첫 단추를 끼웠다. 관심사 즉 대중성은 많은 이에게 호감의 대상이 될 수 있는 개념이고, 시장성은 구매 욕구를 만드는 콘텐츠가 되는 것을 말한다. 두 번째 미션은 시장의 규모를 확인하는 일이다. 나는 이 책에서 블로그 강사로 활동하고 있다고 말했다.

나는 왜 블로그를 선택했을까, 이유는 간단하다. 시장의 스케일이 상당하다. 그래서 너도나도 블로그를 공부하고 싶어 한다. 블로그를 활용한 온라인 수익화 및 브랜딩을 만들고 싶은 목적이 크다. 심지어 블로그를 좀 안다는 사람들은 강의 시장까지 뛰어든다.

당신의 기술이나 서비스가 별로 도움이 안 되고 심지어 재미도 없다면 인기를 얻을 수 없다. 아무도 듣고 싶지 않을 것이다. 책을 읽고 있는 것 자체가 지독한 고문이며 판매되지 않을 것이다. '타깃' 즉 독자에 대한 고민은 생각보다 아주 많이 필요하다.

책을 처음부터 나 혼자 만들고 나 혼자 출간할 수는 없다. 그래서 출판사나 작가 선배 같은 인프라가 필요하다. 좋은 책을 만들면 그들은 알아서 움직인다. 서로 원원하는 구조가 되기 때문이다. 그게 안 된다면 아무도 하고 싶지 않을 것이다.

다시 말하지만, 나만을 위한 책은 아무도 읽고 싶어 하지 않는다. 그럼 굳이 돈 들여 출간할 이유가 없어진다. 그럼에도 나는 그냥 나의 가치만을 추구하고 싶다면, 당신은 아주 이기적인 사람이 된다. 그렇게 대중성이 좋은 주제와 내용을 만들었다면 다음 순서는 광고다.

나는 행사나 커뮤니티 모임을 가면 주로 듣는 질문이 있다. 책을 쓰려면 돈이 아주 많이 들어간다는데, "작가님은 얼마나 투자하셨어요?", "글쓰기도 힘들고 자금도 고민이에요." 좋은 질문이다! 책 한 권 없는 이들이 주워들은 정보는 참 많아 보인다. 난 출판사에 투자금 없이 책을 냈다. 그들의 인사이트와 나와의 차이점에 대해 정확한 답변을 해보겠다.

　앞에서도 언급한 바 있지만, 작가들은 본인의 저서 마케팅 잘 못 한다. 출판사 역시 광고를 잘하지 못한다. 그들은 광고 회사가 아니다. 어느 정도 홍보에 도움을 주지만, 출판사의 도움을 기대하며 방심하지 마라. 당신의 브랜딩 계획을 망칠 수 있다. 대형 출판사가 유명 작가의 신간을 밀기 위해 수천만 원 비용을 광고에 투자하는 경우가 있다. 이것은 대형 출판사와 작가의 빅브랜드를 바탕으로 추진할 수 있는 것이다. 즉 일반 작가들은 평생에 한 번도 경험하기 힘들다.

　이렇게 되면 출판사가 입을 손해가 숫자로 계산이 된다. 그 손실을 최소한으로 하기 위해 작가에게 소정의 계약금을 받는 절차가 있다. 계약금은 상대적으로 적은 편이다. 문제는 출판사로부터 컨설팅을 받게 된다면 비용이 정말 많이 발생한다. 멘토링이라는 수고가 수반 되기 때문이다. 난 브랜딩이 가능한 자생력이 있다. 그래서 계약금을 받고 시작을 할 수 있었다. 그러니 이 책을 읽고 있는 당신도 능력을 키워 스스로 마케팅을 하자.

좋은 '주제'와 '목차'로 구성된 책은 알아서 잘 팔린다. 그러려면 브랜딩과 글쓰기를 위한 기초를 만들기 위한 훈련이 필요하다. 당신에게 한 가지 제안을 하고 싶다. 출간에 앞서 투자 비용을 최소한으로 줄이고 싶다면, 블로그 운영을 추천하고 싶다.

이는 책 만들기와 마케팅력을 만드는 지름길이다. 내가 블로그 강사를 하고 있어서 추천하는 것이 아니다. 블로그 운영 방식의 베이스는 '글쓰기'다. '주제'와 '소재'를 기획하는 훈련에 아주 좋다. 블로그를 잘 운영하게 되면 대중이 좋아하는 콘텐츠, 메시지(카피)에 익숙해진다.

네이버 블로그는 검색엔진 시스템이 국내 어떤 SNS보다 강력하다. 검색엔진이란 네이버 검색창에 어떤 단어를 입력했을 때 당신에게 불특정 콘텐츠를 보여주는 기능을 말한다. 이 불특정 콘텐츠는 네이버의 시스템을 잘 이해하고 상위 노출에 성공한 것들이다. 상위 노출의 첫걸음은 바로 인기(대표) 키워드의 활용에서 시작한다. 키워드란 네이버를 찾는 사람들이 가장 관심 있어 하고 검색량이 높은 걸 기준으로 한다. 즉 예시의 '아이랑가볼만한곳' 검색어는 대중이 검색을 아주 많이 하고 있음을 의미한다.

전국투어 강연 31개의 글

글 제목

여성 예비창업자 경단녀 대상 마포구청 네이버마케팅 (4)

1퍼센트블로그마케팅의법칙 발간 1주년, 서평 100인 의 팬여러분을 찾습니다. (7)

부산블로그강의 뷰티분야 소상공인컨설팅 피부관리샵마케팅 4시간 교육

[엠북카페 북토크] 블로그강의 전국 출판업 전문가 모임 이승윤작가의 브랜딩마케팅 강연 (2)

대한민국 굿잡 전문직을 위한 블로그마케팅 북토크 by이승윤작가 (2)

블로그강의 창원 Vol07 소상공인마케팅 교육을 위한 이승윤작가의 북콘서트 행사 (2)

사업가모임 퍼스널브랜딩강의 이승윤작가 서울강남CEO네트워킹 REENO&NEXT CHALLENGERS (2)

더불어 블로그에 글을 꾸준히 작성하면 키워드를 활용한 글쓰기가 익숙해진다. 제목의 느낌부터 달라지며, 전체 구성 내용의 콘셉트가 뾰족해진다. 앞의 이미지는 내 블로그의 글 목록이다. 지금 당신이 블로그를 운영하고 있다면 패턴을 비교해 보자. 센스 있는 당신이라면 차이점이 명확히 보일 것이다.

글 목록 1번을 보면 #여성예비창업자, #경단녀, #네이버마케팅, #마포구청 4개 단어를 확인할 수 있다. 키워드의 조합으로 이루어진 패턴을 확인할 수 있으며, 주제와 내용을 파악할 수 있다. 이와 같은 방식으로 블로그 운영을 하다 보면

자연스럽게 주제와 소재를 만드는 힘이 생긴다. 이 능력은 책 판매로 연결되며 강의 기회가 만들어진다. 즉 마케팅 능력이 생기게 되는 것이다.

  그것을 책 쓰기에 적용할 수 있다면 시작이 쉬워진다. 그리고 콘텐츠를 칼럼으로 구성할 수 있다면 팬들이 좋아하는 책 쓰기가 가능해진다. 한마디로 비용을 절감하며 마케팅과 글쓰기 공부를 할 수 있는 1석 3조의 전략인 셈이다. 작가라면 반드시 블로그를 활용해 보자.

2

팬을 사랑한다면
글쓰기로 보답하라

당신이 갖고 있는 기술 또는 지식은 매우 훌륭하다. 어떤 대상에게 적용하든 반드시 긍정적인 변화를 만들어낼 수 있다. 그런데 당신의 서비스는 경쟁력이 명확한 만큼 영향력이 강하다. 보통 자신의 서비스가 그 정도 파워를 갖는 사람이라면 누구라도 스스로의 함정에 빠지게 된다. 나의 서비스가 최고라는 '우월감'에 도취 되는 현상을 말한다. 좋은 의미에서는 높은 자존감을 형성할 수 있지만, 나쁘게 말하면 틀이 너무 강력해진다.

　책을 쓸 때 작가들이 가장 주의해야 할 포인트가 있다. 우리가 책을 쓰는 이유는 크게 두 가지가 있다. 첫째는 인세 수익의 파이프라인, 둘째는 가치의 증명을 위한 브랜딩의 수단이다. 이 두 가지를 만족하려면, 작가와 독자(팬) 사이에는 반드시 공감대가 형성되어야 한다. '작가를 사랑하는 독자'가 없다면 수익이나 명성이 있을 수 없다.

　우리는 지금 소설을 쓰려는 것이 아니다. 책을 쓰는 궁극적인 목적은 개인의 전문성을 드러내기 위함이다. 그렇다면 이때 반드시 버려야 할 애티튜드가 있다. 바로 '나의 지식 뽐내기'이다. 전문가들은 대체로 교만과 허세가 가득하다. 첫 책을 발간하고 나 역시 동일한 실수를 경험해서 잘 안다. 교만이 없던 사람조차 분에 넘치는 존경과 대우를 누리며 시행착오가 발생한다. 그래서 이 책을 보고 있는 당신은 모쪼록 조심할 것을 당부한다.

경쟁 시장에서는 당신을 돋보이도록 애써야 한다. 그럴만한 자격이 있으며 책을 발간했다면 배짱을 가져야 한다. 그러나 당신의 책을 읽게 되는 대상은 경쟁자가 아니라 지식에 목마름이 있는 팬들이다. 그 포인트를 망각하고 나만의 지식에 취해서 전문용어나 학문을 기록하면 독자는 힘들어진다. 대형 서점을 가보면 분야별 전문 서적이 정말 많다.

서점은 책이 많은 공간이 아니다. 책을 파는 공간이다. 당신의 집 근처에 대형 서점이 있다면 오늘부터 딱 일주일만 다녀보자. 그 재고들이 줄어드는지 유지되는지 확인하자. 무슨 말인지 이해가 어렵다면, 다른 예를 들어보겠다.

대중에게 사랑을 받는 아이템이나 서비스를 제공하는 사업장이 있다. 대표적으로 맛집, 편의점, 펫 카페, 백화점 등이 있다. 해당 사업장의 재고는 무조건 줄어드는 현상을 볼 수 있다. 서점의 책들도 이처럼 잘 팔려야 한다. 사람들이 좋아하는 이야기를 하는 책은 잘 팔린다. 그런데 서점의 재고는 주로 정체되어 있다. 전문서이지만 그 내용이 와닿지 않기 때문이다. 그래서 책 읽기가 어려워지는 것이다. 이 시행착오를 줄이려면 포인트를 정확히 알 필요가 있다.

오늘 당장 서점이나 도서관에 가서 베스트셀러를 제외한 책 몇 권을 꺼내어 읽어보자. 목차를 보지 말고 일단 10페이지 정도 읽어보자. 작가의 의도와 인사이트 등을 보기에 충분한 분량이다. 만약 당신의 기억에 남는 정보 없었다면 이유는 한 가지이다. 소통하는 방법을 모르는 작가의 글을 본 것이다.

의외로 서점에 있는 책들이 그렇다. 또 유명 작가의 책이라고 해서 읽어봤는데 '내용이 너무 어렵다.' 또는 '꾸준히 읽어 나가기가 쉽지 않다.'라는 느낌의 경험도 있을 것이다. 공교롭게도 정말 많은 작가들이 독자와 소통하는 방법을 잘 모르고 글을 쓴다. 그래서 스테디셀러가 되기 어렵고, 팬을 형성하기 어려워하는 것이다. 환영받지 못하는 글쓰기 개념이 무엇인지 아래 예시로 확인하자.

〈좋은 예시〉

'두피 건강을 위한 좋은 습관'

샴푸 시 너무 뜨거운 물은 두피 유분을 과하게 제거해서 건조함과 염증을 유발할 수 있다. 반드시 미지근한 물로 샴푸를 해 줄 것을 권장한다. 샴푸 후 수건으로 강하게 문지르면 자극이 생기니 부드럽게 톡톡 두드리며 물기를 제거해 주자. 건조 과정에서 절대 주의해야 할 것이 있다. 피부가 건조해지면 각질과 가려움이 발생할 수 있다. 두피 전용 토닉이나 에센스로 충분한 수분을 공급해서 마무리까지 신경 써 주도록 한다.

〈나쁜 예시〉

'두피 건강을 위한 꿀팁'

우리는 머리를 자주 감으면 두피 건강이 해결될 것으로 기대한다. 그러나 강한 세정력 샴푸를 자주 사용하면 오히려 두피가 건조해지면서 피지가 과잉 분비될 수 있다. 두피는 건조하면 안 되므로 반드시 두피 에센스나 토닉으로 수분을 채워주는 것이 좋다. 두피도 피부처럼 꾸준한 관리가 필요하다. 비타민은 기본, 고지방(고당분) 식습관 무조건 피하자.

앞의 예시는 동일한 분량의 글쓰기를 했다. 같은 에너지를 써서 글쓰기를 했지만, 전자와 후자의 차이는 확연히 느껴진다. 전문 지식만 '전달'하는 방식과 세심함을 더하여 독자의 이해를 도우려는 '노력'의 차이가 보인다.

초보자에게 당신의 전문 분야의 인사이트와 용어를 뽐내듯 이야기를 해본 적 있는가. 그들이 당신의 말을 어디까지 알아들었는가. 좋은 정보라는 것은 누구나 인정할 것이다. 하지만 디테일을 이해할 수 있는 사람은 생각보다 많지 않다. 영어를 공부한 적 없는 대상에게 미국인이 길을 물어보는 것과 같다.

독자는 긴장감을 느끼고 바로 인터넷 검색을 시도할 것이다. 궁금증에 대한 정답은 내 책에 없기 때문이다. 이 지점에서 당신의 책은 호불호가 갈리게 된다. 이유는 제대로 된 정보를 주지 않았기 때문이다. 책은 방향을 제시하는 길잡이 역할이다.

글 속에서 '소통'이란 무엇일까? 포인트는 간결하다. 독자의 이해를 '배려'하는 글쓰기를 하자. 쉬운 예시를 하나 들어보겠다.

〈이승윤 작가의 블로그 글 예시〉

블로그의 네이버 상위 검색 노출이 쉬워지는 비결은 좋은 글쓰기에 달렸다. 첫 스텝으로 좋은 글쓰기를 하는 방법을 알아야 한다. 두 가지만 기억하자. 글쓰기는 경험을 기록하는 것이다. 그리고 그 경험을 대표하는 핵심 단어를 도출시켜 보자. 이것은 키워드가 될 것이다.

모닝커피 한잔과 쿠키를 먹으며 나는 지금 책상에 앉아서 글을 쓰고 있다. 본래 이 시간 나는 블로그마케팅 문하생과 온라인 수업을 하고 있어야 할 시간이었다. 그런데 스케줄에 이슈가 생겼다는 연락을 받았고 강의가 취소되었다. 잠시 비는 시간 동안 오후에 바쁠 것 같으니 내 블로그에 글쓰기를 하고 있다. 기회비용으로 완성된 포스팅은 팬들이 모여 계신 톡방들에 전달되어 온라인마케팅에 관심과 갈증을 느끼는 분들에게 스터디를 위한 좋은 기회가 제공됐다.

평범하지만 업무 내용이 담긴 오전 일과에 대한 경험을 기록했다. 블로그에 작성한 글이라고 책에 적용되지 말라는 법은 없다. 어려운 용어가 없고 문맥에 빈틈이 없으며 지향점이 확실하다. 한 단락 분량으로 전후 상관관계를 표현하는 문구가 생략되어 아쉬움은 있다. 필요하다면 내 블로그에서 해당 내용을 정독해 봐도 좋다. 편안하게 일상을 기록하며 그 안에 '블로그마케팅', '온라인마케팅', '네이버 상위 검색 노출' 등의 핵심키워드가 보인다. 이 책을 구성하고 있는 내용 전체가 이와 비슷한 느낌일 것이다. 글은 이렇게 써야 한다.

지식의 과시는 전문가 집단 속에서나 해라. 자기가 최고라고 떠들어 대는 사람들 앞에서 증명하는 것도 피곤한데, 굳이 팬 앞에서 그럴 필요 없다. 어차피 책을 출간하면 이미 전문가로 동경의 대상이 되어 있을 것이다.

'팬'은 '소통'을 하는 존재다. 그들 앞에서 권위를 세우기 위한 노력은 필요 없다. 이 점을 간과한다면 팬들은 당신의 책을 다시 펼쳐보지 않을 것이다. 그리고 강의가 열려도 참석하지 않을 확률이 높다. 독자를 팬으로 만들고 싶다면 정답은 의외로 간단하다.

'지식의 저주'에 빠져 있는 전문가들에게 권고한다. 전문용어를 굳이 사용해야 한다면, 반드시 예시와 함께 쉽게 풀어주는 길잡이 역할까지 하자. 옛말에 "사람은 죽어서 이름을 남긴다."는 말이 있다. 책은 내 지식을 자랑하기 위한 도구가 아니다. 팬들에게 전하는 좋은 메시지로 인하여 내 이름이 평생 기억될 수 있는 통로다. 혹시 지금 스스로를 뽐내기 위한 도구로 책을 쓴다는 목적이었다면 당장 그만두자. 차라리 전자책이나 한 권 만들어라. 종이책은 나의 가치를 올려주는 전략적 마케팅이다. 책이 팔리는 과정에서 나는 자연스럽게 나는 팬들과 호흡하는 영원한 현재 진행 멘토가 된다.

　당신의 책을 좋아하는 구독자가 늘어나게 되고 그중에 과 반수는 팬이 될 것이다. 이해가 쉽고 읽기 쉬운 책을 쓴 작가 는 팬들에게 존경을 받는다. 독자의 입장을 충분히 배려하고 반영해서 글쓰기를 했다는 증거로 팬 층이 형성된다. 자존심 을 굳이 세우지 않아도 된다. 반드시 명심하자.

　전문용어는 쓸 수 있다. 전문가의 지식은 관련 용어가 안 나올 수 없다. 그러나 반드시 세심한 뜻풀이를 체크해 주어 야 한다. 굳이 뽐내려 하지 않아도 당신의 전문성은 그 깊이 에서 충분히 전달된다. 당신이 읽고 있는 이 책의 내용이 어 려운지 질문하고 싶다. 이 책은 앞으로 쉬운 글쓰기의 표본 으로 남게 될 것이라 확신한다.

3

책 한 권으로 만드는
상위 1% 퍼스널브랜딩

    요즘은 챗GPT의 발달로 책 쓰기가 쉬워졌다. '개나 소나 다 쓴다.' 이런 말이 있을 정도다. 누군가에게 이런 소리를 들었다면 무시하자. 그렇게 쉽게 말하는 사람들의 커리어를 보면 종이책 한 권도 없는 경우가 많다. 또는 인사이트 부재로 책 쓰기에 실패한 대상일 가능성이 크다. 그렇게 쉽다고 말하면서 정작 본인들은 책을 내지 않고 있다.

    그들에게 '왜 책을 안 쓰셨어요?'라고 질문하면, '주제나 콘셉트를 고민 중이다.' 이런 답변을 들을 수 있다. 이 답변 자체가 모순이다. 책 쓰기가 그렇게 쉽다면 '주제와 콘셉트'는 어려운 일이 아니다. AI 챗GPT가 워낙 발달이 잘되어 있고 글쓰기에 상당히 도움이 되는 것은 사실이다. 단, 챗GPT를 활용해서 전자책을 쓰는 정도의 개념이라면 쉽게 생각할 수 있다. 200페이지 가까이 되는 종이책은 아직은 AI로 소화될 만큼 녹록하지 않다. 책 쓰기란 생각보다 어려운 작업이라는 뜻이다.

나는 책을 집필하고 싶은 전문직 분들에게 솔루션을 전하기 위한 의도로 이 책을 집필했다. 당신들의 비즈니스 성장 볼륨과 수익의 정도는 내가 보장할 수 없다. 그러나 지금부터 집중하자. 책이라는 도구가 당신을 위한 퍼스널브랜딩을 어떻게 만들어줄 수 있는지 말해보겠다.

나는 글쓰기가 취미이다. 블로그를 운영하기 때문에 늘 생활 속에서 글쓰기가 습관화되어 있다. 그래서 책 쓰기를 시작했을 때 처음에는 막막했으나, 전체를 구성하는 데에는 오래 걸리지 않았다. 이 시간을 단축했던 원동력은 나의 커리어 덕분이었다.

여기서 첫 번째 팁! 책을 안 써본 인구는 많지만, 블로그를 경험하지 않는 사람은 드물다. 블로그의 글쓰기는 마케팅 용도로 쓰게 되며, 꾸준히 써야 하고 상위 노출까지 생각하니 글쓰기가 힘들다. 솔직히 우리는 습관만 된다면 글쓰기 자체가 어렵지는 않다. 초중고, 대학생까지 16년간 글을 썼다. 대학까지 나온 사람이 악필이면 어른들에게 좋은 소리 못 듣는 이유다. 습관만 훈련되면 절대 문제가 되지 않는다. 마음먹기에 달렸다.

즉 블로그 포스팅을 종이에 쓰고 있다고 생각하자. 앞의 이미지를 보다시피 아주 편안하게 글쓰기를 하고 있다. 당신들이 좋아하는 3,000자 글쓰기를 하고 있다고 생각하며 처음에는 막글을 써보자. 그러면 마음이 한결 편해진다. 나의 시작도 다르지 않았다.

과거 마케팅 공부할 때 하루 한 권씩 관련 도서를 읽었을 만큼 책은 좋아한다. 핑계이지만, 지금은 비즈니스가 바쁘다 보니 책 읽기가 우선순위에서 밀린다. 첫 책을 발간하기 전 고민을 많이 했다. 요즘은 전자책의 이용 수요가 늘어나고 있다. 그래서 종이책을 내는 것이 정말 현명한 것인지 고민했다. 나의 브랜딩에 얼마나 도움이 될까. 주변 지인들에게 물어보아도 상당히 호불호가 있었다. 솔직히 확신할 수는 없었지만, 믿는 포인트가 하나 있었다.

진입장벽이 높은 시장이라는 점이다. '블루오션, 레드오션' 이라는 단어는 우리에게 익숙하다. 레드오션은 경쟁자들이 너무 많아서 포화된 시장을 의미한다. 반대로 블루오션은 경쟁자가 별로 없는 시장, '평화롭다'라는 사전적 의미를 내포하고 있다.

여기서 두 번째 팁! 이 시장은 블루오션이다. 2022년 말, 작가로 살아가는 세상을 처음으로 꿈꿔보고 있는 가운데 내 주변에 작가가 없었다. 퍼스널브랜딩이 잘되어서 대단한 유명세로 인세 수익을 잘 버는 사람을 본 적이 없다. 롤모델이 없다. 그게 내가 망설였던 첫 번째 이유이며, 나도 분주병에 빠져 책을 보는 타이밍을 놓치고 있는데, '내 책을 보는 사람들이 얼마나 될까?'가 두 번째 이유였다.

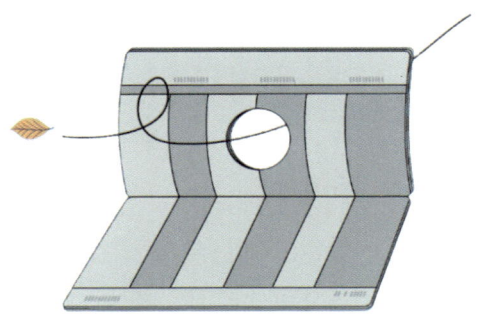

그래도 마케팅은 자신이 있었기에 구매자를 늘리는 것은 '문제없다'고 생각했다. 결국 아직 '블루오션'이라는 작가 시장에 내 미래를 걸어보기로 결심했다. 그리고 3개월 후, 예비

작가 시장에 들어오고 알게 된 것이 있다. 왜 인세 수익을 잘 버는 유명한 작가가 별로 없는지 말이다.

나에게 망설임을 주었던 첫 번째 이유에 대한 답을 얻었다. 사람들은 책을 쓰고 작가가 되면 즉시 유명해지고 돈도 많이 버는 줄 안다. 브랜딩이 잘되면 이것은 전혀 문제 될 것이 없다. 하지만 그 '브랜딩'이 바로 문제인 것이다. 책은 브랜딩의 끝이라는 말이 있지만, 사실은 그렇지 않다. 책은 브랜딩의 시작이다. 당신의 동종업종에서 저자로 마케팅을 할 줄 아는 경쟁자가 매우 드물다! 당신이 성공할 수밖에 없는 이유다.

한 가지 예를 들어보겠다. 강남 지역 한가운데에 성형외과를 오픈했다. 사업장을 개업하면 의료기기 세팅, 직원 채용, 마케팅 등 과제들이 많지만, 가장 중요한 것은 결국 마케팅이다. 병원은 전문직이라 대출이 잘 나와서 마케팅을 위한 초기 자금 마련이 어렵지 않다.

병원의 위치를 네이버 지도에 등록하고, 블로그나 SNS를 통해 알리기 작업이 가능하다. 이 정도 마케팅 로드맵을 모르는 이들은 거의 없다. 마케팅에서는 개인의 경쟁력이 돋보이는 커리어를 내세우는 전략이 일반적이다. 여기서 개인의 경쟁력이란 개업 이전 대학병원에서 근무했던 경력 및 논문 등을 의미한다.

그런데 어느 시대나 병원은 많고 의사는 더 많다. 앞으로도 더욱 많아질 것이다. 당신의 의료실력도 정말 중요하지만 우선 환자들의 선택을 받아야 한다. 의사들도 환자가 있어야 수익이 발생한다. 논문은 일반 환자들은 봐도 모른다. 그렇다면 남들 다하는 마케팅 또는 경력이 아닌, 전문의 커리어에 어울리는 개인 저서가 무조건 필요하다. 당신의 포지션이 언제까지 유지, 성장할 수 있다 확신하는가. 장담할 수 없다. 이유는 본인이 더 잘 안다.

물론 작가라고 다르지 않다. 본인의 책을 홍보할 줄 알아야 판매 부수를 늘리고 인세 수익을 받을 수 있다. 강연의 기회와 유명세는 그렇게 얻어지는 것이다. 그나마 나는 광고회사 및 파워블로그 출신이라 스테디셀러가 될 수 있었다. 지금까지의 이야기를 정리해 본다면 실력과 책이 동시에 필요하다는 말이 된다.

여기서 두 번째 팁! 책은 나의 가치를 증명하는 일이 가능하다. 책은 무기가 된다. 과거 임진왜란 때 조선은 일본과의 전쟁에서 패망했다. 근본적인 원인이 어디에 있었을까. 정치적 문제였을까? 아니다. 조선과 일본은 전투력 차이가 있었다. 우리의 무기가 창, 칼, 방패였다면 그들의 무기는 총이었다. 물론 우리에게도 위대한 장수가 있었고 천군만마 같은 거북선이 있었으나 깜짝 이벤트에 불과한 수준이었다. 당대 대국이었던 중국도 일본에 패망했다. 그들은 조총의 위력이 어느 정도 인지 상상조차 할 수 없었다. 지금 우리도 그렇다. 책이 가져다줄 브랜딩의 위력에 대해 상상조차 못 하고 있다. 책은 임진왜란 당시의 일본의 조총과 맞먹는 수준이다.

작가로서 책의 존재를 알리고 개인을 브랜딩하려면 마케팅은 필요하다. 다만, 광고는 약간의 이벤트 기획 정도만 하면 된다. 그 정도의 인맥은 당신도 갖고 있을 것이니 조금만 고민을 해보자. 광고를 못 하면 꾸준한 인세 수익은 솔직히 기대하기 힘들다. 주변에 혹시 작가가 있다면 질문해보자. 책이 몇 권이나 팔렸고 인세 수익을 얼마나 받고 있는지 말이다.

　나는 지금은 작가로 활동하고 있기에 그들의 생태를 잘 안다. 책이 서점에 진열되어 있는지조차 모르는 작가들이 수없이 많다. 본인이 홍보하는 퍼스널브랜딩을 안 하고 있기 때문이다. 책은 초판을 발간하면 출판사에서 약 1천 부를 온라인과 오프라인 서점으로 전달을 한다. 물론 수량은 조정 가능하다. 책은 출간과 동시 '사전예약' 이벤트가 있다. 판매부수 데이터를 뽑기 위한 시장 관행이다. 이 시즌 판매 부수가 일정 수준 이상이면 베스트셀러로 승격되지만, 이하라면 책이 창고로 들어가기도 한다.

위에서 책을 총에 비유했다면, 광고는 핵에 비유를 할 수 있다. 당시 강대국으로 급부상한 일본제국이 패망했던 이유가 바로 미국의 핵이었다. 히로시마를 강타했던 총보다 강한 핵! 총과 핵을 모두 세팅할 수 있다면 당신의 브랜딩은 성공을 거둘 것이다. 나는 블로그마케팅 관련 도서를 발간하고 1년간 책 판매 부수를 늘리고, 나를 홍보하기 위해 전국을 다니며 행사를 했다. 창고행이 되기 싫었고 빠른 브랜딩 활동으로 전국에 나를 알리고 싶었다. '물 들어올 때 노 저어라.' 이런 말이 있다. 모든 것은 때가 있는 법이다.

그렇게 약 3천 부를 발간했고 나는 꾸준히 인세 수익을 받고 있다. 물론 아직은 내가 생각하는 수준까지 오르기에는 한참 멀었다. 다만 나는 목표가 워낙 높기 때문이다.

무기가 없는 광고는 광고로 끝이 난다. 책이 있는 작가의 광고는 결이 다르다. 비즈니스 모임을 가더라도 나를 바라보는 시선이 바뀌며 어디를 가나 존중받을 수 있다. 퍼스널브랜딩의 시작이 된다. 책은 아무나 낼 수 없으며 마케팅 시장은 블루오션이다. 브랜딩의 잘 될수록 당신의 비즈니스 가치가 달라진다. 기대와 희망을 품고 용기를 내어 책을 쓰자. 당신을 위한 최강의 무기가 될 수 있다고 약속한다.

나만의 브랜드 키워드 정리

Q1 내 분야에서 '나'를 대표하는 키워드는 무엇인가?

Q2 다른 사람과 나를 구분 짓는 차별점은 무엇인가?

Q3 책 제목으로 표현한다면 어떻게 요약할 수 있을까?

당신의 몸값은 얼마인가

: 전문가라면 자존심을 걸어보자

3장을 읽기 전에

이 장은 왜 책이 이름보다 오래 남는 자산인지, 그리고 전문가에게 책 한 권이 어떤 의미인지 깊이 있게 설명한다. 자신의 전문성을 기록으로 증명하는 방법, 스테디셀러가 되어 세상과 팬들에게 영원히 기억될 수 있는 스토리텔링 방향을 제시한다.

#오래남는자산   #책한권의의미

#스테디셀러   #증명하는방법

1

사람은 책으로 기억된다,
지금을 기록하라

고진감래. 고생 끝에 즐거움이 있다는 사자성어다. 나는 고생이라는 단어를 역경 아닌 수고라고 해석하고 싶다. 나의 전문성을 증명하는 퍼스널브랜딩의 최종 단계 작가가 되는 일은 즐거움이라고 표현하고 싶다. 누구나 생각하는 것은 쉽지만 실행하는 것은 정말 힘들다. 또 결단과 실행 그리고 행위의 지속성까지 넘어야 할 고개가 많다.

매일 같이 내용을 어떻게 구성할지 고민하고 '하루 30분~1시간을 만들어 책을 쓰자.' 스스로 다짐을 한다. 그래야 비로소 책 한 페이지가 만들어진다. 우리는 왜 이렇게까지 수고

하며 책을 쓰고 나를 증명하려 드는 걸까. 사람은 죽어서 이름을 남긴다고 하는데, 요즘은 셀럽들이 너무 많다. 세상은 연예인, 국가대표 등 사회적 위치가 있는 사람에게만 가치를 매긴다. 동의하고 싶지 않겠지만 개인의 이름 따위 기억되지 않는다. 냉정하지만 아무것도 아닌 존재의 이름은 중요하지 않다. 혹자는 세상의 관심을 받기 위해 '묻지 마 살인'을 하기도 한다. 참 슬픈 일이다.

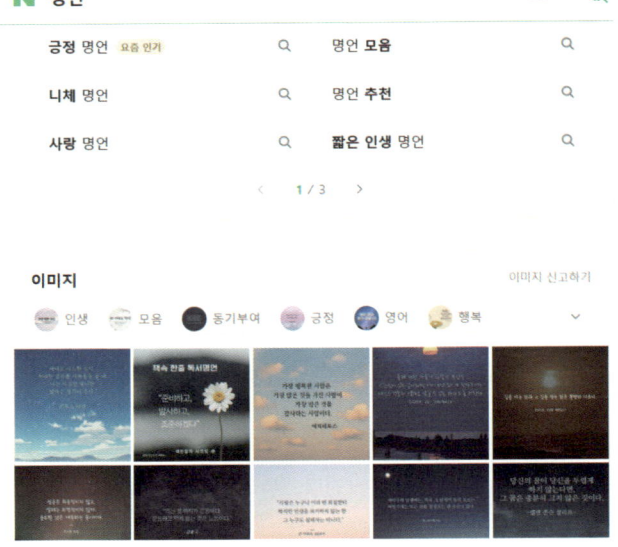

나는 책을 쓰고 몸값을 올렸다

이름보다 더 오래 남는 것이 있다. 바로 '책'이다. 글이 모여 책을 만든다. 누군가의 입에서 나오고 손으로 쓴 카피, 소재 등이 모여 한 권의 책에 기록된다. 인터넷 검색만 해도 엄청난 분량의 명언들을 찾아볼 수 있으며 모든 자료가 내 책의 소재로 쓰일 수 있다. 책은 한 사람의 생각을 담기도 하지만, 다양한 생각과 경험, 가치관과 인생관이 고스란히 담겨 있는 두 번째 생명과도 같다.

사람, 브랜드, 아이템 등 세상의 그 어떤 것도 영원할 수 없다. 그러나 콘텐츠는 세월이 아무리 흘러도 사라지지 않는다. 〈바람과 함께 사라지다〉, 〈로미오와 줄리엣〉, 〈홍길동전〉 등이 대표적인 고전 영화, 소설류를 보아도 이해할 수 있다. 한 줄의 문장, 한 권의 기록은 종이를 넘어 마음속에 박히고 세대를 건너 살아남는다. 다양한 세대 그리고 역사 속에서 우리는 모두 죽는다. 그러나 사라지지 않는 것 중 하나가 바로 책이다. 여기에는 당신의 명언이 기록될 수 있으며 세대를 넘어 영원히 남는다.

김수영 시인의 "당신은 당신의 일을 하라."는 문장이 있다.

또 법정 스님의 '무소유'라는 단어가 있다. 그들은 이미 세상에 없지만, 그들의 문장은 여전히 살아 우리와 대화한다. 이처럼 당신의 이야기도 역사 속에서 사라지는 것이 아닌 누군가를 위해 존재하는 것이 된다. 그리고 이런 기록들은 누군가에게는 가치관이 되고 버팀목이 될 수 있다.

나는 네이버 파워블로그 1세대다. 2012년 당시 나는 아주 잘나가는 셀럽이었다. 저 엠블럼을 다시 보니 향수에 젖는 기분이다. 소득수준은 상위 1%였고, 블로그 수익화로 아파트를 마련하기도 했다. 하지만 나의 황금기는 그리 오래 가지 않았다. 2016년 블로그 저품질 대란을 경험하며 소득 수단이 끊겼다. 나는 그렇게 세상에서 빠르게 잊혀갔다.

아무런 소득도 보상도 없었다. 저품질을 풀어내는 방법을 아는 이가 극히 드물었다. 그 비밀을 어디 쉽게 알려주겠는가, 내게 정답을 주는 이가 없었다. "내 블로그를 저품질에서 해방시키고 최고 전문가가 되겠다." 이 생각만 하며 네이버를 독파했다. 5년간 광야의 길을 걸었고 지금은 블로그 저품질 정복자로 통하게 되었다. 오랜 연구 끝에 네이버 로직에 통달했다.

말이 5년이지, 아무런 소득도 보상도 없는 그 세월을 버틸 수 있는 사람이 과연 있을까, 저품질을 풀어내는 것은 자기만족일 뿐 아무도 나에게 박수쳐 주지 않는다. 못난 내 블로그를 풀어내는 동안 나는 아무런 수익 활동도 할 수 없다. 과연 어느 포인트에서 의미 부여를 할 수 있을까 싶겠지만, 나는 스스로가 자랑스럽다. 물론 내가 저품질을 풀 수 있다고 말해도 나를 신뢰 못 하는 사람들은 여전히 있다. 그들의 선택이다. 하지만 내가 저품질 극복에 도움을 준 이들은 나를 무조건 신뢰한다. 난 상관없다.

그러나 시간이 너무 많이 지났다. 과거의 나를 기억하는 사람들은 아무도 없다. 내가 블로그를 연구하는 세월 동안 인스타 유튜브 등이 대한민국을 강타했다. 브랜딩을 위한 새로운 로드맵을 연구할 수밖에 없었다. 다만 경쟁자들은 포화된 마케팅 시장 속에서 나의 포지션을 위협했다.

2022년 나는 그들과 비교되는 것이 굴욕이고 억울하고 화가 났다. 레드오션 시장 속 여느 경쟁자들과 비교되며 존중받지 못하는 현실이 너무 싫었다. 나는 여기서 큰 결단을 하기에 이른다. 나 역시 책 쓰기에 대한 경험은 없었으나 자존심 회복을 위해 용기를 냈다. 지금 나는 '이승윤 작가'라는 이름으로 밑바닥부터 다시 올라가는 중이다. 개인적인 수익화로 잘 먹고 잘사는 파워블로그도 좋지만, 지금은 계획을 바꿨다.

대외적인 브랜딩 활동으로 힘들어하는 이들을 돕고 싶다는 생각을 했다. 그래서 나는 지금 강연 사업을 하고 있다. 다행히 북토크 전국 행사 이후 블로그마케팅 업계에서 나는 정상에 닿을 수 있었다. 책을 발간하고 정점을 찍기까지 과정은 이 책의 전후 장을 통해 자세히 기록했으니, 인내심을 갖고 정독해 보자.

　많은 이들이 나에게 왜 광고대행을 안 하고 강연에 집중하는지 물어본다. 물론 블로그 대행을 하면 나는 좀 더 편하게 일할 수 있다. 일반적으로 사람을 상대하며 멘토링을 하는 일은 피로도가 매우 높다. 하지만 다행히도 나는 사람을 좋아한다. 사람을 자산으로 여기며, 오래 관계를 이어가고 싶은 유형이다.

　광고 대행의 아쉬움은 퍼스널브랜딩이 어렵다. 컨설팅도 하기 힘들다. 광고주가 그 시간과 에너지를 낭비라고 생각하고, 나에게 컨설팅 기회를 주지 않는다. 광고에 에너지 쓰는 게 싫어서 의뢰했으니, 나의 요구가 번거롭고 싫은 것이다. 당연하다. 그러나 나 역시 그들에게 광고쟁이로 인식되는 건 싫다. 성과 없는 마케팅도 싫다. 이미 광고회사 일하며 질리도록 경험했다.

　컨설팅이란 콘셉트를 기획하고 글의 방향을 설정하는 시간이다. 네이버블로그를 잘하려면 진정성 있는 퍼스널브랜딩이 필수다. 이것이 빠지면 전략 없는 광고에 지나지 않는다. 또한 상위 노출 역시 어렵다. 결국 솔루션의 힘을 받아 트래픽을 공급하는 악순환만 반복될 뿐이다. 나는 진정성으로 승부하고 싶었다.

당신도 나처럼 무너진 자존심을 회복할 수 있다. 업계 최정상은 아니라도 확실한 경쟁력을 보유했다면 자격은 충분하다. 당신의 이야기가 대단하지 않아도 된다. 오히려 빅브랜드들의 성공 사례보다 더 울림이 있는 것은 스토리텔링이 될 수 있다. 남들보다 더 수고했으나 실패하고 좌절했던, 그럼에도 마음을 다잡고 오늘이 있기까지 당신의 성장 스토리를 책에 담아보자.

나는 책을 쓰고 몸값을 올렸다

난 대중교통을 매우 선호한다. 꿀잠을 자며 체력을 충전할 수 있고, 스마트폰으로 급한 업무를 처리하는 데 매우 좋다. 2023년 4월 당시 오로지 내 머릿속에는 한 가지 생각만 지배적이었다. 나의 처녀작 블로그마케팅 저서를 세상에 최대한 많이 알리자. 전철을 타고 서울 한 바퀴를 돌며 내 앞에서 서 있는 불특정 승객들에게 책을 보는 척 선보였다. 그들 중 누구라도 내 독자가 될 수 있다. 그리고 서점 경기 모 지점을 방문해서 내 책이 아주 잘 보이는 위치에 올려두었다. 난 목표를 달성하기 위해서 불법만 제외하고 수단, 방법을 가리지 않는 타입이다.

생각해 보면 정말 유치한 일이다. 그러나 이 정도로 마케팅 활동은 아주 중요하다. 그렇다고 당신에게 나랑 똑같이 행동하라는 건 아니다. 중요한 건 마인드에 달린 것이다. 내 책의 존재를 세상에 알리기 위한 수단으로 반드시 수행해야 한다. 지금 당장 내가 브랜딩 활동을 하고 있어서 책이 잘 팔릴 수 있다고 생각한다면 큰 오산이다.

예컨대 팬들은 이승윤 작가에게 이미 존경심을 갖고 있다. 이것으로 브랜드 공신력은 충분히 쌓였다. 평생 한 권만 책을 내는 작가는 없다. A라는 책의 홍보를 멈추고, 신간 B라는 책을 홍보하더라도 A는 여전히 팔린다. 작가를 사랑하는 독자들 즉, 팬심에 의해 판매가 꾸준히 이루어진다. 이로써 나는 마케팅, 경영, 자기 계발 분야에서 나의 이름은 한 번쯤 들어볼 만한 인물로 남게 될 것이다. 또한 내 책과 강의는 관련 콘텐츠를 추천할 때 자주 사용될 것이다. 이 정도면 성공이라고 생각된다.

당신도 책 쓰기에 열정을 쏟은 만큼 스스로를 알리는데 에너지를 다하라. 그리고 팬들을 위해 2년에 한 권씩 총 5권 정도는 책을 만들어 보자. 책을 쓰는 작업은 엄청난 수고가 동반된다. 마치 대학 진학을 위해 우리가 수능 공부를 하며 3년을 수고하는 것처럼 말이다. 그러나 대학교 합격증이라는 보상처럼, 작가라는 진입장벽을 넘어 빛나보자.

책 한 권 못 쓴다면
과연 전문가일까

누군가와 커피챗을 하며 2시간 동안 자신의 서비스를 소개해 본 경험이 있는가. 두서없이 장황하게 떠드는 것이 아닌 명확한 포인트를 전달하는 방식으로 말이다. 요즘은 비즈니스 네트워킹 시대라서 사업을 하는 사람이라면 누구나 사업 성장을 위한 미팅의 기회가 많다. 이때 나를 얼마나 잘 소개하느냐에 따라 긍정적인 미래가 그려질 수 있다.

당신이 대화를 주도할 수 있고 상대방이 지루할 틈을 주지 않는다면 완벽한 전문가다. 그 대화를 통해 협업이나 계약까지 끌어낸다면 영업력까지 타고난 사람이라고 볼 수 있다.

만약 아직 비즈니스 미팅 경험이 별로 없는 당신이라면 당장 내일 약속을 잡아보자. 이 미팅에는 조건이 필요하다. 서로의 시간을 낭비해서는 안 된다. 당신의 이야기는 상대방에게 명확히 전달되어야 하며 호응까지 얻어 낼 수 있어야 한다.

스스로 테스트를 해보는 것이다. 만약 실패한다면 고민이 필요하다. 당신은 둘 중 하나를 진단해 볼 필요가 있다. 아는 것은 정말 많은데, 전달력이 약한 것인지, 전문성이 부족한 것인지 말이다. 전자라면 다행이다. 스피치 능력이 약한 것은 키우면 된다. 그러나 인사이트가 부족하다면 전문가로서 자격 미달이다. 상식적으로 생각해 보자. 강의를 요구한 것이 아니다. 어떤 무대에서 발표를 하라는 것도 아니다. 그저 편안한 공간에서 커피챗 하며 당신이 하는 말을 경청해 줄 상대방까지 세팅되어 있다. 그럼에도 고작 2시간도 할 말이 없다면, 부끄러운 일이다. 어디 가서 전문가라고 하지 말자.

　전문가는 어떤 포지션의 사람들을 의미할까. CEO, 변호사, 의사, 정치인, 교수, 기타 전문직 모두를 포함할 수 있다. 그들은 하나같이 SNS를 통해 본인 사업을 홍보하고 있다. 당신의 분야에서 분명한 인사이트를 품고 있는 사람이다. 그 인사이트가 너무 풍성해서 하고 싶은 말이 많다. 뿜어 나오는 재능으로 미칠 듯한 기분을 느껴본 적도 있다.

　그리고 샘솟는 아이디어를 아웃풋으로 이어갈수록 당신의 사업은 크게 성장시킬 것이다. 또 그 성장 과정을 마케팅으로 활용한다면 블로그 인스타그램 SNS 등에서 칼럼들이 만들어진다. 여기까지 왔다면 당신은 분명한 전문가이다.

저서는 아무것도 없는 대상의 자존심을 세워 주는 도구가 아니다. 어차피 그런 이들은 책을 쓰지 못한다. 챗GPT나 대필 작가의 도움을 받아볼 수는 있겠다. 그러나 실력과 깊이는 결국 드러나게 되어 있다. 책은 능력자를 위한 브랜딩 도구다. 수고에 대한 보상이며 자존심을 지켜주고 성장을 보장하는 아이템이다.

참 거창하게 말하는 것 같지만, 내가 이렇게까지 표현하는 이유가 있다. 여행을 좋아하는 사람들은 한겨울에도 캠핑한다. 참 추울 것 같지만 그래도 그들은 그 생활을 즐긴다. 해외 동남아 여행을 즐기는 인플루언서가 있다. 매일매일 새로운 장소에서 여행지에 대한 리뷰와 사진을 보여준다. 사진 속 그는 행복해 보이지만, 실제로도 즐기고 있는 건지 궁금할 정도다. 나는 생각만 해도 무지 피곤할 것 같다. 그 사람에게 매주 여행을 다녀와서 글을 한 페이지씩 작성해 보라면 신나서 쓸 것이다.

일기나 에세이 그리고 논문 어떤 것이든 콘셉트는 상관없다. 즐기는 만큼 아는 것이 많고, 할 말이 많을 테니 말이다. 온라인 공간에서 자신의 경험을 풀며 글을 쓴다. 그것이 쌓이면 한 권의 책이 될 수도 있고, 블로그 여행 인플루언서가 될 수도 있다. 그런데 당신이 여행을 즐기지 않는 사람이라고 가정해 보자. 당신에게 내가 저런 과제를 준다면 한번은 써볼 수 있다. 그러나 지속성은 불가능할 것이다. 글쓰기 자체가 고통이며 여행을 즐길 수 없게 된다. 차이점은 흥미와 전문성이다. 나 역시 여행의 즐거움은 잘 모른다. 나에게 여행 후기를 쓰라고 하면 당신과 똑같다. 즉 전문성이 없고 인사이트가 없으면 할 말이 없고 글쓰기가 안 된다는 이야기다.

아는 지인 중에는 참 대단한 사람이 하나 있다. 본업은 부동산 관련업이고 다양한 공부를 쉬지 않으며 높은 학위까지 있다. 내가 아는 부동산은 소재도 엄청나고 할 말도 정말 많다. 경매, 토지, 청약, 재건축, 상가, 빌라 등 두툼한 책 한 권으로 쓴다고 할 때 과연 만족할 수 있을까? 꾸준한 자기 계발을 하는 만큼 욕심도 많고 사업도 여러 가지를 하고 있다. 그렇게 쌓은 인사이트로 책을 1년에 1권씩 발행하고 있기도 하다. 전문가라고 모든 사람이 '무조건 책을 써야 한다.'가 아니다. 오히려 책은 자존심의 증명이다.

지금 당장 서점에 가보자. 그리고 당신 주제의 모델이 되는 책을 딱 세 권만 정하라. 그 책들의 장단점을 카피하자. 아쉬운 것은 개선하고 좋은 것은 내 것으로 만들자. 이것도 능력이 있어야 가능하다. 지인에게 들었던 메시지 중에 인정할 수밖에 없는 말이 있었다. 전문가라면 인사이트가 그렇게 강력하다면 책 한 권 정도 만들 수 있어야 한다. 책 쓰기는 브랜딩을 위한 전략적 수단 이상의 의미가 있다.

SNS의 콘텐츠나 머릿속에 담고 있는 지식을 종이에 녹여

보자. 창고에 쌓여 있는 값비싼 재고들을 꺼내는 것과 같은 이치다. 내가 글쓰기를 코칭할 때 보면 머릿속 생각을 표현할 줄 모르는 사람들을 의외로 많이 보게 된다. 글은 나의 경쟁력을 증명하는 키가 되기도 한다. 단지 홍보의 수단으로 사용되는 도구 정도가 아니다.

그리고 가치를 알아주는 대상 또는 세상에 선보인다면 그것은 돈이라는 보상을 안겨준다. 지금 시대는 지식 셀러의 시대다. 당신이 책을 쓴다 해도 그 책을 보고 노하우까지 훔쳐 갈 수는 없다. 당신의 인정욕구를 증명하는 최고의 수단이라고 나는 말하고 싶다.

자 우리 한번 솔직해져 보자. 당신이 책 쓰기를 거부하는 이유는 지금의 소득에 크게 불만이 없기 때문이다. 책 쓰기가 너무 귀찮고, 굳이 에너지를 쓰고 싶지 않은 것이다. 부정하고 싶은 현실을 하나 깨워주겠다. 마케팅 매체는 운영해야 가치가 있다. 당신 혼자 SNS 셀럽이 아니다. 대체 인력은 많고 같은 채널 속에 경쟁자도 정말 많다. 장담컨대 1개월만 채널 운영을 쉬게 된다면 당신은 금세 잊히게 된다. 평생 SNS를 잘 운영할 것이라고 자신하지 마라. 사람 일은 알 수 없다. 만약 계정 운영을 못 하는 상황이 되면 소득이 급감할 것이다.

내가 그랬다. 블로그 저품질을 경험하면서 월 천 벌던 소득이 바닥을 쳤다. 마치 주식시장 그래프처럼 말이다. 온라인 시장은 홍보가 정말 효과적이고 쉬운 만큼이나 휘발성도 매우 강하다. 한때 정말 잘나가던 인플루언서였는데 사람들이 나를 못 알아보거나 기억을 못 한다. 겨우 몇 개월 활동을 쉬었을 뿐이다. 만약 이런 상황을 맞이한다면 기분이 어떨까. 억울하고 자존심이 많이 상할 것이다. 이것이 온라인 셀럽의 현실이다.

그에 반하여 책은 성격이 좀 다르다. 온라인 플랫폼은 회사가 망하면 서비스가 중단된다. 그러나 책은 출판사가 망해도 사라지지 않는다. 당신의 자존심을 지켜줄 수 있으며 영원히 존재할 수 있다. 서점, 중고책방, 도서관 등 어디를 가든 독자들은 책을 볼 수 있고 그들 곁에 영원히 남게 된다. 세상에 이름이 남는 시대는 지났다. 책으로 나를 증명하고 나의 존재 가치를 알려라. 그 존재감은 영원히 우리 기억 속에 남게 된다.

나는 이렇게 말하고 싶다. 당신이 전문가라면 셀럽이라면 현재의 위치를 너무 믿지 말자. 그것들을 모두 유한한 자원이다. 나는 체질적으로 오프라인 현장 강의가 맞는 사람이라 온라인을 선호하지 않는다. 하지만 좋은 기회가 있어서 온라인강의를 녹화해 보았다. 그런데 플랫폼 다수가 운영 중지되거나 회사가 망했다. 당연히 서비스가 중단되었다. 책은 다르다. 두려워 말고 용기를 내자. 작가는 브랜딩의 끝이라는 말이 괜히 있는 것이 아니다. 세상이 나를 바라보는 시선이 바뀐다.

3

나의 가치를
증명하는 스토리텔링

우리는 영유아 시절 유치원을 다니면서부터 '가나다라'를 시작으로 글을 읽고 익히며 성장했다. 초등학교에 들어가서는 일기를 쓰기 시작했고 글짓기 공부도 했다. 스마트폰을 활용해서 하루 종일 메시지를 가족 및 친구와 주고받으며 글을 공부한다.

또 대학을 가게 되면 졸업논문을 쓰기도 하고 취준생이 되면 취업을 위해 나를 증명하는 이력서 및 자기소개서 작성한다. 우리는 이렇게 평생에 거쳐 글쓰기를 학습한다. 대학 공부까지 마친 사람들의 필체는 이뻐야 한다는 고정관념이 한편으로는 이해가 간다. 참고로 부끄럽지만 나 역시 악필이다. 키보드 두드리는 것이 아닌 수기로 기록하는 글자체를 이쁘게 쓰는 것은 나의 과제다.

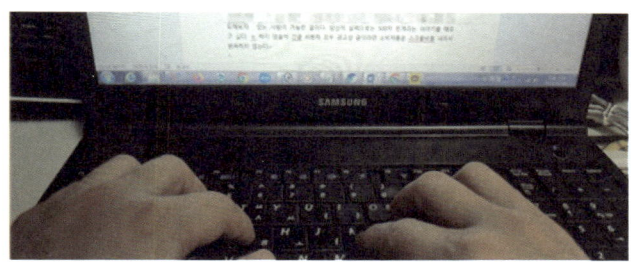

이처럼 아이러니하게도 우리는 글쓰기를 아주 어려워한다. 평생 연습했을 텐데 말이다. 더구나 책 쓰기는 키보드 타이핑으로 만드는 글이다. 내가 악필인지 명필인지 아무도 알 수 없다. 그럼에도 우리가 글쓰기를 두려워하는 이유는 무엇일까. 바로 평가를 받는다는 느낌 때문이다. 우리는 평생 시험이라는 무대에서 살고 있다. 학교나 학원에 다닐 때도 그렇고, 직장을 가도 결국 성과 및 성적으로 평가받는 것은 동일한 입장이다. 바로 이 평가 속에서 많은 사람들은 성공과 실패를 동시에 맛본다. 삶은 도전의 연속이며 자기 피알의 무대이다. 그런 환경과 시스템에 익숙하게 살아가고 있는 우리의 모습이 반영된 것이다. 잘하면 박수를 받지만 못하면 질타를 받는다. 두렵지 않다면 거짓말이다.

블로그와 같은 SNS 채널에 게시 글을 올리는 정도는 부담스러워하지 않는다. 내 팔로워가 보고 있는 글이지만, 당신이 인플루언서가 아니라면 한정적인 수요라는 생각 때문일 것이다. 그런데 책은 전국 서점에 배포가 된다. 그리고 내가 쓴 글을 불특정 대중이 보게 된다. 내가 모르는 사람, 심지어 얼굴을 볼 수도 없는 사람이 나에게 악플을 달며 손가락질한다. 그러니 글쓰기가 일반적인 사고에서 얼마나 두렵고 힘든 일인지 이해될 수 있다. 연예인 같은 유명 셀럽은 악플러 때문에 운명을 달리하기도 한다.

좀 다른 이야기지만, 앞으로의 세대는 타고난 재능이나 환경의 변화가 없다면 예쁜 글자체를 쓸 수 있는 사람이 없을 것 같다. 노트북의 보급이 너무 대중적이며 학교, 학원 등 모든 교육과정 및 과제에 필수로 사용되고 있다. 반드시 종이에 기록해야만 하는 것들도 모두 IT 기기 활용으로 바뀔 것이다. 글 쓰는 연습의 기회는 더욱 희소해질 것이라 내다본다.

책은 호불호가 명확하다. 책이 좋은 내용이고 잘 팔리면 작가는 그야말로 셀럽이 될 수 있다. 야구를 예로 들어보겠다. 모든 포지션이 서로 의지하고 믿는 플레이를 해야겠지만 특히 투수와 포수의 관계는 남다르다. 공격과 방어가 이 두 개 포지션의 호흡을 통해 이루어진다. 특히 여느 스포츠와 다른 점이다. 출판사와 작가는 투수와 포수 같은 관계이다. 좋은 베스트셀러 작가를 만나면 출판사도 아주 유명해질 수 있다. 대형 출판사로 급성장한다는 이야기다.

반대로 글의 내용 즉 인사이트가 약하면 당신의 이름이나 책 이름은 거론조차 되지 않는다. 추천이 안 될 것이고, 행사에 설 기회조차 없기 때문이다. 평가를 받은 것을 전혀 체감할 수 없을 뿐 아니라, 두려움 역시 가질 필요가 전혀 없다. 그리고 만약 초기 판매량이 너무 저조하다면, 2쇄는 서점에서 구경하기 힘들 것이다.

창고에 재고로 쌓여 방치된다. 너무 냉정하게 말한 것 같지만 이게 현실이다. 너무 부정적으로 생각하지는 말자. 내 이야기의 포인트는 걱정할 필요가 전혀 없다는 것이다. 당신의 글은 세상이 판단하지 않는다. 개인이 판단할 뿐이다.

자, 여기까지 글쓰기 힘들어하는 당신에게 용기를 주기 위한 말을 했다면 지금부터 좀 다른 이야기를 해보겠다. 당신은 퍼스널브랜딩이라는 단어를 매우 익숙하게 들어보았다. 다만 그 단어를 자신에게 적용하려는 고민과 에너지를 쏟아본 경험이 별로 없다. 책을 쓰기 위해서는 이 단어에 대해 고민이 아주 많이 필요하다! '작가'는 개인이 브랜딩하기 위한 최고의 전략적 포지션이다.

당신은 스스로의 이야기를 남들에게 진솔하게 전달해 본 경험이 있는지 묻고 싶다. 세상에 나를 알리고 싶다면! 당신의 생각을 드러낼 필요가 있다. 구체적으로는 오늘의 나를 만들어준 상황, 사람, 환경 등에 대한 이야기를 알려야 한다. 누구에게 알려야 할까. 당연히 당신이 책을 쓰고 나면 당신을 궁금해할 팬들이 대상이다. 변호사, 의사, 교사, 검사, 기업인 또는 크리에이터 등 다양한 직업 속에 당신이 누구인가를 알릴 준비를 하자. 왜 그 직업을 선택했고, 어떤 자부심과 경쟁력으로 어떤 성과를 올리고 있는지 글로 기록하는 일이다.

당신이 지금 열정을 붓고 있는 그 직업을 선택한 이유는 무엇인가. 다양한 직업 속에 선택한 계기가 있을 것이다. 그것부터가 시작이다. 사람들이 이런 사소한 이유에 대해 관심이 있을까 싶겠지만, 이것은 절대적이다.

가령 어느 조직, 어느 모임을 가든 새로운 멤버가 입회를 하게 되면 기존 멤버들은 그에게 관심을 많이 갖는다. 오지

랕으로 느낄 수 있지만 그것은 관심의 표현이다. 그리고 다양한 질문을 하게 된다. 사는 지역, 출신학교, 첫사랑, 취미, 고향 등을 서로 공유하고 싶어 한다. 심지어 한 분야에 전문가로서 주목받고 있는 실력자라면 팬들은 그의 실력도 실력이지만 사생활까지 궁금해한다.

한 가지 예를 들어보겠다. 누구나 학창 시절 팬심으로 좋아하던 연예인이 있다. 또는 지금 동경하는 롤모델이 있을 수 있다. 가만히 생각해 보자. 과연 그 대상의 전문성만 바라보는 선에서 관심이 머물러지지 않을 것이다. 나이, 고향, 취미 심지어 결혼 여부까지 궁금해한다. 아주 일반적인 현상이다. 팬심이란 그런 것이다. 그래서 나는 지금 당신에게 스스로의 이야기를 머릿속에 담아두지 말고 대방출하라는 요구를 하고 있다.

물론 보이기 부끄러운 치부까지 드러낼 필요는 없다. "누울 자리를 봐가며 다리를 뻗어라."는 말이 있다. 할 말 못 할 말 구분할 정도는 구분할 수 있을 것이다. 굳이 팬들이 실망할 만한 이야기는 하지 말자. 전화위복이 되는 스토리텔링

전개가 가능하다면 그것은 표현해도 좋다. 그래서 팬들을 잃어버리지 않을 자신이 있다면 말이다. 스토리텔링의 힘은 너무 강하다. 그래서 언론의 힘이 강한 것이다. 여론을 움직일 수 있으니 말이다.

〈스토리텔링 예시〉

<미생>이라는 드라마 보신 분 계신가요. 저는 이 드라마는 너무 좋아해서 넷***를 이용해 즐겨 봅니다. 드라마 속 대사가 정확히 기억은 나지 않지만 아마도 이랬던 것 같아요.

"머리만 치고 있네, 가슴을 쳐야 물건을 팔지." 제가 비즈니스 미팅을 할 때 처음 뵌 분들과 관계십이 원만하게 이뤄지는 이유는 바로 이것 때문이라는 생각이 듭니다. 저는 블로그 강사, 감성 마케터 그리고 비즈니스를 하는 사람입니다. 그 어떤 사람과도 쉽게 동화됨을 느낍니다. 그리고 상대방을 편안하게 해드리죠!

저는 가슴을 치는 블로그 컨설팅 전문가! 제 삶과 저의 콘텐츠가 그 자체로 스토리텔링이고 감성마케팅 비즈니스이기 때문인 것입니다.(중략)

앞의 글감은 내가 운영하는 블로그에 있는 내용의 일부다. 나의 이야기와 전문성을 동시에 스토리텔링 했다. 짧은 내용이지만 임팩트가 강한 것을 알 수 있다. 경력이 길고 짧은 것은 중요하지 않다. 물론 경력이 오래되면 경험이 많으므로 말하기는 유리할 수 있다. 그러나 명 당신만의 노하우나 차별화가 없다면 절대로 글은 쓸 수 없다.

요즘은 챗GPT의 성능이 너무 좋아서 사업계획서 및 논문이나 글쓰기를 잘 도와준다고 한다. 그러나 종이책의 무게는 겨우 그 정도 수준이 아니다. 전자책은 가능할 수 있지만, 풍부한 경험과 전문성이 없다면 절대로 종이책을 집필할 수 없다. 그렇게 당신의 가치를 증명하는 책을 만들어 낸다면 누구도 당신을 무시할 수 없다. 당신도 분명 누구나 에게 사랑받는 글쓰기를 할 수 있다. 시인, 소설가, 교수 등 직업군의 글쓰기만 훌륭한 것이 아니다.

사람은 가치를 매길 수 없다고 하듯 당신의 글은 당신의 삶이고 인생이다. 그리고 글은 당신의 가치를 올려줄 것이다. 글을 못 쓰는 사람이라는 고정관념에서 벗어나자.

마지막 조언, 책은 목차 제목을 잘 써야 그나마 잘 팔린다. 여기서 후킹이 안 되면 독자는 책을 열어보지도 않는다. 그 목차에 대한 방향은 5장의 예시를 참고하여 만들어 보자. 잘 만든 책은 사람들에게 감동을 주며 질문거리를 만들게 된다. 그래서 강연의 자리에서 기회를 얻을 수 있는 것이다. 미래의 나만의 무대를 그리며 자신감을 갖고 힘을 내자.

나의 전문성과 신뢰 포인트 구체화

Q1 키워드를 목차로 정리한다면 어떻게 설계할 수 있을까?

Q2 나의 퍼포먼스를 증명해주는 기사, 공문서 등을 모으자.

Q3 내 머릿속에 있는 지식을 글로 기록해보자.

4장

욕심내지 않고
대우받는 세상

: 이미 당신은 성공했다

4장을 읽기 전에

이 장은 당신이 작가로서 자신의 위치를 각성하고 진정한 강함의 의미를 이해하도록 돕습니다. 저자의 경험을 통해 재능을 나누는 작가의 자세, 겸손과 책임의 균형, 브랜딩 이후에도 흔들리지 않는 태도의 중요성을 강조합니다. 당신이 '글을 쓰는 사람'을 넘어, 세상을 변화시키는 영향력 있는 작가로 성장하기 위한 솔루션을 제시합니다.

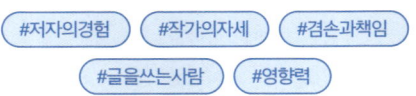

#저자의경험   #작가의자세   #겸손과책임
#글을쓰는사람   #영향력

1

설레는 마음으로
당신의 재능을 기부하라

책을 쓰기 전 '작가란 무엇일까?' 생각하는 사람은 거의 없다. 학생이 학교에 다니는 것이 당연한 것처럼, 브랜딩을 위해 당연한 일이라고 생각한다. 아무도 작가라는 포지션이 브랜딩 이상 어떤 가치가 있는지 진지하게 생각해 보지 않는다. 나도 그 중 한 사람이었다.

베스트셀러가 되어 브랜딩을 위해 앞만 보고 달렸다. 책 쓰는 일 자체가 너무 고된 일이기에 망각을 하지만, 우리가 꼭 명심해야 할 것이 있다. 작가는 그 자체로써 이미 인플루언서이다. '당연'이라는 사고방식을 깨고, 세상에 좋은 영향력을 전달하기 위해 노력하는 존재다.

우리가 작가가 된 이유는 브랜딩을 위한 목적이 가장 크다. 브랜딩은 확장성에 따라 당신을 존경하는 팬이 생긴다는 뜻이다. 이름이 알려지는 정도에 따라 돈을 많이 벌 수 있다. 유명해질수록 다양한 행사에 초대가 되거나 TV방송 출연까지 경험할 수 있다. 또 그만큼 책임감이 수반되기도 한다. 마치 우리에게 자유가 허락되어 있지만 그것을 누리려면 내 행위에 대한 책임감이 수반되는 것과 같은 이치다. 공교롭게도 우리는 작가가 된 이후 이런 생각을 하게 된다. 작가로서의 스스로를 자각한다는 것은 개인에게 정말 중요하다.

나는 고등학교 시절 제 2외국어로 일본어를 전공했다. 당시 일본어는 내게 아주 흥미로운 학문이었고 즐겼던 만큼 결과가 좋았다. 고교 3년 내내 전교 5등 밑으로 떨어진 적이 없다. 덕분에 대학교도 당연히 일본어과를 선택했다. 다른 학과는 그다지 흥미가 없었다. 장래 희망이 뚜렷이 정해지지 않은 아주 평범한 학생이었다.

하지만 대학교 학과 수업은 고등학교 때와 달리 만만치 않았다. 전국 각 지역에서 일본어 가장 잘하는 친구들이 모여

나는 책을 쓰고 몸값을 올렸다

들었다. 진지하게 학문을 공부하다 보니 흥미가 떨어지고 성적도 안 좋았다. 졸업 후 난 취업할 곳이 없어졌다. 주변 지인들의 추천으로 IT 공부를 해서 웹개발자로 간신히 취업에 성공했으나 적성에 안 맞았다.

오랜 시간 방황하다가 우연히 온라인 마케터라는 직업을 알게 되었고 전망이 좋아 보였다. 나는 광고회사에 입문하게 되고 이 계기로 적성을 발견하여 파워블로그가 되었다. 그렇게 광고대행사와 인하우스를 오가며 다양한 경험을 쌓았다. 이때 학습한 기술이 블로그, 네이버카페 운영, 인스타 메타 광고, 네이버검색광고 등이다. 약 20년 경력이 쌓이는 가운데, 세일즈가 나의 일상이고 습관이 되었다. 남들에게 대가를 받고 재능을 공급하는 형태가 당연했고 이상하게 생각한 적이 없다.

나는 평생 대가를 받고 광고주에게 결과를 안겨주는 일을 해왔다. 공짜 오더를 받거나 서비스를 해 준 일은 없었다. '기브앤테이크' 늘 이 원칙으로 비즈니스를 했다. 커리어에 걸맞게 언제나 결과를 안겨주었기 때문이다. 그런데 이 루틴은

작가 이전의 삶으로 끝내야 했다. 사람들이 나를 바라보는
관점이 바뀔 수 있음을 생각해야 한다는 말이다. 패러다임의
변화, 나눔이나 베푸는 것을 좋아하는 사람들이 있을 수 있
다. 특히 작가라는 이미지는 더욱 그렇다. 작가의 자리를 장
사꾼의 이미지로 전락시키지 말자. 우리의 목표는 브랜드파
워를 만들고 영원한 인플루언서가 되기 위한 빌드업이다.

지금, 우리는 마인드를 조금 유연하게 가져야 할 필요가 있
다. 내가 당신에게 말하는 관점의 전환은, 당신의 서비스를
대가 없이 재능기부 하라는 말이 아니다. '나눔'이라는 대체어

를 떠올려보자. 우리는 SNS 또는 특정 커뮤니티에서 나눔 문화를 쉽게 찾아볼 수 있다. 내가 처음 서두에 했던 말을 떠올려보자. 당신이 작가를 무엇이라고 생각하는가. 브랜딩의 완성은 개인의 입장이다. 대중이 바라보는 작가로서 역할은 그런 것이 아니다.

나는 이것을 망각했기에 팬심을 잃는 등 시행착오가 컸다. 작가는 사회에 공헌해야 하는 포지션이다. 품위가 있어야 하며 품격을 유지할 수 있어야 한다. 브랜딩이 잘되면 돈은 따라오며 당연히 어떤 식으로든 시간이 지나면 보상의 단위는 커진다. 그전까지는 스스로 권위 의식을 내려놓고 내 도움이 필요한 잠재고객들을 섬기도록 하자. 작가는 사회적 기여를 해야 하는 아이콘인 것이다!

나의 시행착오를 부른 핵심은 바로 권위를 쫓으며, 품격을 유지하지 못한 것이다. 내가 처음 책을 쓴 이유는 나는 여느 마케팅강사와 다르다는 차별점을 두고 싶은 것이 첫 번째다. 강사 시장은 현재 포화상태다. 그 가운데 전자책을 쓴 강사들은 많지만, 종이책을 발간한 실력자는 극소수로 손가락에

꼽힌다. 내 커리큘럼과 강의 기술은 희소한 실력 차이를 극명하게 보여주는 콘텐츠라고 생각했다. 이것은 오류였다. 그런다고 세상의 인식이 바뀌지 않는다는 것을 몰랐다.

　책이 전문가로서 나를 증명하는 최고의 전략이라는 기대에는 적중했다. 실력도 있고 책도 썼으니 대외적으로는 겸손했으나 스스로에 대한 자부심이 얼마나 컸겠는가. 책을 내고 처음에는 주변 상황이 어색하고 내 책에 대해 사람들의 반응이 궁금해서 망설임도 있었다. 그러나 시간이 흐르며 베스트셀러가 되고 많은 팬들의 사랑을 받으며 인기에 취해버린 것이다. 실제로 나를 알아보는 사람이 늘어갔고 어디를 가나 대우를 받았으니 그럴만했다.

　노파심에 미리 충고를 한마디 하겠다. 사람은 누구나 정상에 오르게 되면 거만해질 수 있다. 분에 넘치는 복을 누리게 되면 텐션 조절이 안 되는 것은 당연하다. 바로 이때 사람이든 상황이든 무엇이든 당신을 멈춰줄 계기가 필요하다.

작가가 된 후 당신은 어디를 가나 존경과 존중을 받을 수 있다. 주변 지인들을 포함해서 만나는 사람마다 바라보는 시선이 달라짐이 확연히 느껴질 것이다. 그런데 이 분위기를 유지하려면 당신은 '팬서비스'로 마인드 세팅을 해야 한다.

난 생각보다 인맥은 별로 없지만, 다행이 인복이 많은 사람이다. 벼는 익을수록 고개를 숙인다는 말이 있다. 좋은 사람들이 있어서 나를 잡아주었고, 그러다가 지금의 CBL을 만났다. 'Contents Business Lab' 2025년의 목표가 하나 있었다. 1인 기업으로 독불장군처럼 일하는 건 이제 그만! 같은 방향을 바라보며 호흡하는 멤버를 만나자. 그러려면 내 마음에 멤버들에 대한 겸손, 양보, 존중하는 마음이 필요하다. 당신의 실력이 독보적인 것은 인정! 그러나 그들 또한 각 분야의 전문가라는 사실은 인정해야 한다.

나는 마인드를 바꾸고 목표를 달성했다. 나를 포함한 4인의 멤버가 하나로 뭉쳤다. 감사하게도 서로 바라보는 방향이 같고 서로를 인정하며 자신을 투명하게 보여주고 있다. 솔루션개발자, 블로그마케팅, 유튜브제작자, 콘텐츠기획자 각자의 역할은 명확했다. 이들과 함께 브랜드 빌드업을 위해 매일 같이 꾸준히 기획하며 소통을 하고 있다. 모쪼록 당신 주변에도 이와 같은 소중한 지인들이 있기를 바란다.

당신의 명예와 이미지를 오래 유지하고 싶다면, 그럴수록 고개를 숙여라. 이익을 좇으면 당신의 명예는 오래 가지 못한다. 내가 이 세계에 들어오면서 동경했거나 시기했던 인플루언서들이 있다. 지금 그들은 모두 영리를 추구하다가 팬심을 잃고 추락의 길을 걷고 있다. 대가를 욕심내지 않아도 브랜딩이 되면 보상을 따라오니 너그러이 베풀어주자. 공짜로 재능을 자원봉사 하라는 것이 아니다. 그리고 세상에 공짜가 없다는 것은 받는 이들이 이미 잘 알고 있다. 작가는 세상을 향해 재능을 원대하게 베풀어야 한다.

나는 매월 강연 행사를 즐긴다. 이유가 있다. 행사의 참가비는 무료이거나 노쇼 방지를 위해 책값 정도의 대가만 받는다. 이 정도를 부담스러워하는 이는 없다. 그렇게 강의를 마치면 반드시 개인 컨설팅 문의가 발생한다. 큰돈을 벌지는 못해도 맨투맨 컨설팅을 통한 수익의 발생과 동시에 그들에게 나는 브랜딩이 된다. 어떤 수강생에게 이런 이야기를 들은 적이 있다.

비슷한 강의라도 들을 때마다 '한 개라도 얻은 것이 있다면 성공한 것'이라고 말이다. 나는 이럴 때 기쁨과 희열을 느낀다. 나의 강의가 엄청나다는 뜻이 아니다. 강연에 참여하신 분들의 입장을 바탕으로 가감 없이 베풀라는 의미다. 다들 한두 개씩 반드시 얻어가고 그럼 나의 강의는 소문이 날 수 있다. 내가 없는 공간에서 나의 이름이 거론되었다면 브랜딩은 성공한 것이다. 브랜딩이 되면 무조건 나에게 돌아오게 되어 있다.

2

겸손하지만 배짱 있게
마이크를 잡아라

당신은 지금까지 어떤 인생을 살았는가? 무시와 조롱 속에서 살아왔는가? 절대 그랬을 리는 없다. 적당한 사회적 격차 속에서 약간의 목마름을 느끼며 살았을 것이다. 만약 당신이 전자라면 절대로 책을 쓰고 있지는 않을 것이다. 책은 어느 정도 자존감이 강한 사람들이 읽게 되고 쓰게 된다.

여기서 말하는 자존감이란 사회적 위치가 아닌 정서의 상태를 의미한다. 작가가 되면 세상은 당신을 우러러보게 된다. 도움을 받고 싶어 하고 초대하고 싶어 한다. 당신은 세상을 저주하고 싶을 만큼 조롱당하며 살았던 사람이 아니다. 그렇다면 미래에 대한 기대감을 품고 조금 겸손해 보자.

작가가 된 순간, 기분 같아서는 지금 당장 세상을 향해 소리치고 싶어진다. 힘들게 글을 썼고 그 시간을 보상받고 싶을 테니 말이다. '보상'이라는 단어에서 의사라는 직업이 좋은 예시로 생각난다. 의대 공부하고 인턴 시절 보내고 교수로 임명받기까지 아주 오랜 세월이 필요하다. 교수로 임명을 받으려면 논문을 써야 하며 수술 실력도 인정받아야 가능하다. 의사들은 직업 특성상 조금 거만한 느낌이 강하다. 내 개인의 사견이 아니라 대중적인 이미지다. 하지만 그만한 세월을 견뎌낸 수고를 생각하면 이해는 간다.

나는 책을 쓰고 몸값을 올렸다

우리는 겸손이라는 단어를 잘 알고 있다. 그러나 사람은 감투를 쓰게 되면 텐션 조절이 쉽지 않다. 충분히 이해할 수 있다. 다만 언제든 제자리로 돌아올 수 있도록 항상 다짐을 하자. 당신이 겸손을 버리고 높이 올라가봤자 그 자리가 영원할 수 없다. 결국 추락하거나 흔들리게 된다. 마케팅을 통해 얼마든지 스스로 포장할 수 있다. 마케팅으로 나를 value-up 하는 것은 아주 바람직하다. 그것도 능력이 되어야 가능하다.

물론 예외인 경우도 있다. 경력도 실력도 노하우도 없으면서 의기양양 전문가 행세를 한다. 다만 팬들을 기만하는 사기 행위는 제발 하지 말자. 결국 밑바닥은 드러나게 되어 있다. '명필은 붓을 안 가린다.'는 말이 있다. 당신은 사업수완이 좋고 나름 영리한 사람이라고 자부할 수 있다. 수완이 좋은 것과 실력은 또 다른 이야기다. 나 역시 약 20년을 마케팅 업계에서 '존버'하고 있다. 커리어와 경험이 쌓이다 보니 대화가 통하는 사람들이 많지 않다. 경험이란 이만큼이나 중요하다.

경험의 차이! 나는 책을 들고 네트워크 모임을 많이 다닌다. 그들 앞에서 내가 이슈가 되는 이유는 간단하다. 이구동성 나에게 그런 말을 한다. 블로그 강사 중에 단독 저서를 쓰고 작가라고 브랜딩하는 사람을 '본 적이 없다'고 한다. 그리고 어느새 나의 인사이트에 흠뻑 빠져 있는 사람들을 보게 된다. 그리고 저마다 나에게 감탄사를 쏟아내며 한마디씩 한다. "글을 쓰신 것도 대단한데, 작가가 되려면 이 정도 내공이 있어야 하나 봐요! 저는 작가는 못 되겠어요." 이런 얘기를 듣게 된다.

정리 해보겠다. 실력이 있는 사람은 자신의 포지션에 확신이 있는 사람이다. 그 확신이라는 단어는 에너지를 뿜어낸다. 자신감이 없는 것과는 전혀 다른 개념이라는 말이다. 강한 내공은 스스로를 낮춘다고 감추어지지 않는다. 다만 당당하자! 할 말은 명확하게 하고 실력을 보여줘야 할 자리에는 확실하게 증명하자. 목을 빳빳이 세우는 것이 아니라 정확한 어조로 말을 하는 것이다. 목에 힘을 주는 것은 건방져 보이지만, 정확한 어조의 목소리는 매력을 느끼게 만든다.

처음 보는 사람과 10분 정도 대화를 하는 중에 강한 매력을 느껴본 경험이 있을 것이다. 이것은 성적 매력이 아니다. 그 사람에게서 풍기는 오라(aura)를 체험한 것이다. 겨우 10분 스몰토크를 했을 뿐, 절대 상대방에 대한 이해를 다 할 수 없다. 하지만 그에게서 강력한 한방이 있다는 것은 느낄 수 있다.

나를 예로 들어보겠다. 타 분야에 대해서는 비전문가 내지는 초보자다. 만약 인테리어 전문가가 내 앞에서 전문용어를 말하면 나는 아무 말을 할 수 없다. 이건 너무나도 당연하다. 그러나 인테리어 마케팅을 위한 조언을 구하는 질문을 받게 되면 상황은 역전된다. 이제는 내 차례. 내가 아는 마케팅 인사이트를 종합하여 그에게 설명할 수 있다. 바로 이때 상대방은 어쩌면 나에게 오라(aura)를 체험할 수 있다. 바로 이 포인트다

이미 책을 쓴 작가들 중 겸손과 당당함을 동시에 갖추지 못하는 경우가 많다. 스스로에 대한 확신을 가져보자. 당당함이 지나치면 신이 될 수 있다. 자존감과 교만을 헷갈리지

말자. 당신들이 생각하는 '정상'이라는 고지의 정의가 어디까지 인가, 사람마다 목표점이 다르다. 보통은 부자, 명예 둘 중 하나인데 내 경험상 명예가 더 많다.

보통 명예를 얻게 되면 돈은 따라오기 때문이다. 명예를 얻기 위해 사람들을 퍼스널브랜딩에 힘쓴다. 그러나 욕심이 과했던 참 많은 사람들의 추락을 보고 경험했다. 하지만 내가 앞서 당부했듯 반드시 돌아갈 여지를 남기며 정상을 걸어보자. 당신은 내유외강 내강외유를 모두 겸비한 최고의 프로가 될 것이다.

SNS의 활용과 브랜딩 전략 기획

Q1 블로그를 운영하고 있는가, 글쓰기와 친해지자.

Q2 나를 브랜딩 한다면, 어떤 키워드 및 슬로건이 있을까?

Q3 한 달에 한 번 이상 참여하는 모임이 있는가?

5장

명함의 무게가
달라진다

: 퇴고만 한 달, 포기하지 말자

5장을 읽기 전에

이 장은 책을 완성하기 위해 인생의 일정 부분을 과감히 투자해야 하는 이유를 강조하며, 책 쓰기의 현실적인 여정과 작가로서의 결단력을 말해주고 있습니다. '완성보다 과정'에 집중하며, 작가로서 감내해야 할 현실적 요소를 구체적으로 담고 있습니다. 나아가 책 한 권이 단순한 결과물이 아니라, 브랜딩과 인생을 재설계하는 전략적 선택임을 제시합니다.

#인생의투자   #작가로서의결단력

#인생의재설계   #전략적선택

1

100세 시대에 1개월,
인생을 걸어보자

　책 쓰기의 기본 프로세스를 말해보겠다. 책 쓰기의 시작은 목차 구성 후 가제목을 만들게 된다. 가제목이 만들어졌다면 목차의 디테일에 힘을 주게 되는데 이때 '장' 아래 '꼭지'가 만들어진다. '장과 꼭지'의 개념은 큰 제목과 작은 제목으로 이해하면 편하다.

　우리가 SNS에 게시 글을 업로드 할 때 어떻게 하는가. 주제(제목)와 후킹 멘트로 카피가 구분되어 구성한다. 주제는 전체 내용을 대표하는 카피로 작성되며, 멘트는 함축적이고 부가적인 메시지 형태로 기획 된다. 예를 하나 들어보겠다.

〈예시〉

장.

30세에 시작된 인생의 후반전

꼭지.

1. 나는 지극히 평범했다

2. 대학 졸업장과 바꾼 자본주의

3. 대운은 선택받은 자의 선물이다

4. 조물주 위에 건물주

  방금 즉흥적으로 고민해서 기획해 본 제목이다. 혹시 느낌이 오는가. 어떤 맥락의 글쓰기를 의도하는 '목차'인지 말이다. 이해가 되었다면, 당신은 센스가 있는 사람이다. 위 카피의 '자본주의, 건물주' 등의 키워드를 통해 이 책의 주제는 부동산 관련 책이라는 것을 추론해 볼 수 있다. 장과 꼭지는 저런 개념으로 정리된다.

  나는 '마케터'이고 글쓰기에 워낙 익숙한 사람이다. 그래서 위 카피를 기획하는데 1분이 채 걸리지 않았다. 글쓰기를 해본 적이 없다면, 당신은 도서들을 벤치마킹하고 고민 끝에 만들 수 있는 제목일지 모른다. 그렇게 고민해서 만든 카피가 출판사의 입장에 따라 바뀔 수 있다. '교정' 작업 중에 목차와 제목이 바뀔 수 있다는 사실을 기억하자.

책은 아무나 쓰는 것이 아니다. 책 쓰기를 시작했다면 당신은 선택을 받았다고 생각해도 좋다. 작가는 하늘이 내는 것이라는 말도 있다. 그만큼 쉬운 일이 아니다. 그럼에도 당신이 지금 무언가 시작을 했다면 절대 손을 놓지 마라. 힘을 내라! 주변 환경이 당신을 많이 괴롭힐 것이다. 가족, 비즈니스, 사람 등등 다양한 환경이 당신을 지금 괴롭히고 있을 것이다. 그리고 그 안에서 가장 큰 적은 바로 자신이다. 너무 뻔한 소리 같지만, 자신을 극복하는 이들은 생각보다 많지 않다. 나 역시 그랬다.

내가 처음 책을 쓸 때 4가지 변수가 나를 너무 괴롭혔다. 바디프로필 준비, 강연, 마케팅 대행, 컨설팅 등을 책 쓰기와 동시에 했다. 블로그 운영 20년 차 경험이 있어서 글쓰기에 자신이 있었다. 내가 글쓰기를 너무 쉽게 생각했다. 동시에 병행했던 4가지 루틴으로 에너지가 고갈되며 하루하루가 힘들었다. 특히 바디프로필은 식단 관리까지 해야 했으니 초반 스퍼트에서 힘을 낼 수 없었다. 나는 책을 최단기에 만들고 싶다는 목표가 있어서 멘탈이 더 힘들지 않았나 싶다. 경험은 모두 내 머릿속에 있는 것이니 체력만 허락한다면 달리고 싶었다. 일을 안 하면 소득이 끊기니 불가피했다. 2개월 차에 이 루틴에 적응했고 이 악물고 약 4개월을 달려서 원고를 완성했다.

간신히 5개월 차에 출판사와 계약 후 교정, 윤문 작업을 했다. 이게 마지막 고비였다. 길어야 일주일이면 끝날 줄 알았던 작업이 최종 출간까지 약 한 달 걸렸다. 출판사는 팔리는 책을 만들어야 하며, 마이너스가 예상되는 상황은 허락되지 않는다. 특히 처녀작의 경우 작가는 출판에 대해 아는 것이 없다. 카피 하나하나에 간섭을 피할 수 없다. 안타깝게도 미세한 변화 정도로 이 작업이 끝나지 않는다. 만약 목차를 수정하게 되면 책 전체의 균형을 위해 교정 작업이 세심하게 진행된다.

페이지 하나, 둘 손보는 정도는 어려운 일이 아니다. 그러나 완성된 초고가 200페이지를 넘는 분량이 되면 얘기가 다르다. 페이지 한 개로 균형이 잡히지 않는다. 한마디로 전체를 재구성하는 상황이 발생한다. 그건 작가 개인에게는 엄청난 수고와 피로가 수반된다. 혹 작가 수업을 통해 멘토링을 받는 경우라도 일주일 만에 교정이 끝나지는 않는다. 그래서 초보 작가들은 온전한 멘탈로 이 현실을 받아들이기는 어렵다.

　작가가 되려는 사람들이 실행력이 부족해서 글쓰기 하다가 중단하는 경우가 많다. 또는 책을 다 쓰고도 교정이 귀찮아서 기약 없이 출간을 미루는 사람들도 있다. 그들에 비하면 당신은 아주 훌륭하다. 그러니 힘을 내자. 만약 교정 단계까지 와서 의지를 놓는다면, 오히려 그들보다 안타까운 일이다. 시작을 안 했다면 아쉬움이 안 남겠지만, 투고를 앞두고 중단했으니 말이다. 교정 작업은 넉넉히 1개월 정도 소요된다.

　출판사는 작가에게 원고 수정을 약 3~4회 정도로 요청하는 편이다. 통상 이메일로 주고받게 되며 이 기간이 약 2~3주 정도 된다. 교정 작업 역시 출판사와 최초 협의된 발간 스케줄을 준수하지 못하면 장기 지연될 수 있다. 그래서 나는 약 1개월 동안 상당 업무를 올 스톱 할 것을 권고한다. 교정의 고통이 없는 작가는 존재하지 않는다.

　나는 4~5개월 만에 글쓰기를 마치고 책 한 권을 발간했다. 통상 1년 이상 걸리는 사람들이 대부분이다. 내 인생의 1년이라는 긴 시간을 보냈는데 중도 포기를 한다면 아주 허망한 일이다. 좀 더 용기를 갖도록 팁을 주겠다! 지금부터 조금만 집중해 보자.

딱 한 달 전체 스케줄의 80%를 홀딩하자. 물론 시간은 내편이 아니라서 멈춰주지 않는다. 당신이 사업을 하는 사람이라면 매출이 반토막이 날 수도 있다. 그러나 전문가라면 리

스크를 관리할 줄 알아야 한다. 어느 정도 기반을 다진 상태가 아니라면 교정을 하는 1달, 매출은 무조건 줄어든다. 소득을 포기하라는 말이 아니다. 평균 매출의 60%를 2개월간 유지 할 수 있는 방법을 계산하고 계획을 세워라. 월 500만 원을 버는 당신이라면, 60%인 300만원 정도까지는 만들 수 있는 계획을 세워야 한다. 그리고 책 쓰기 마무리 작업에 한 달간 온전히 집중하자.

이렇게 철저하게 계획을 세우고 매진하지 않으면 당신은 절대로 책 한 권 쓸 수 없다. 내 주변에도 정말 많은 이들이 책을 쓰려고 하지만, 90% 전자책으로 그친다. 그리고 원고는 준비하고 있으나 마무리를 못 해서 책을 출간 못 하는 이들이 많다. 작가 준비를 하는 전체 인구의 80%가 그렇다.

1달만 집중하라면서 60%를 '2개월 유지'하라는 이유가 뭘까. 어느 정도 기반이 다져진 대상이 아니라면, 마케팅활동을 현저히 쉬다가 본래 자리를 찾는 데까지 시간이 필요하다. 최초 한 달은 책을 마무리하고 출판사로 투고하는 타이밍이다. 그리고 나머지 한 달은 마케팅활동 재기 및 작가로

브랜딩을 위한 계획을 세우는 시간이다. 계획대로만 모든 상황이 진행된다면 3개월 차에는 기대 이상의 수확을 얻게 될 것이다. 당신이 진정 전문가라면 이 정도 위기관리 능력은 있어야 한다. 이 책을 지침서 삼아 계획을 철저히 세우고 시행착오를 줄이기 위해 노력하자.

지금은 한 권으로
충분하다

2022년 봄, 시원한 밤공기를 마시며 동네를 한 바퀴 산책했다. 당시 나는 고민이 정말 많았다. 머릿속에는 다양한 아이디어들이 넘쳐나고 있었고 모든 것을 빠르게 이루고 싶었다. 내 의지는 내 마음대로 할 수 있었다. 그러나 주변 상황은 달랐다. 사람들과의 관계십, 협업, 강연의 기회 등 언제나 쉬운 것이 없었다. 무엇이 문제인지 골똘히 생각했다. 그리고 하나의 결론에 다다랐다. 기회가 많은 만큼 모두에게 공평하게 주어지는 기회라는 사실이다. 그 기회들을 내가 선점하려면 내 능력에 대한 증명이 필요한 것이었다.

내 능력을 증명하기 위한 수단으로 무엇이 가장 빠를까.

SNS 마케팅을 통한 노출은 지금 하는 정도로 충분했다. 커뮤니티 활동도 왕성하게 하고 있었다. 내가 안 하고 있는 것은 딱 한 가지였다. 바로 내 이름 석 자가 박힌 단독 저서 출간이다. 그날 밤 30분간 동네를 서성거리며 이 같은 결론에 도달했다.

　나 역시 책 한 권이 내 인생을 바꿔줄 거라는 생각에는 확신은 없었다. 나는 배움에 두려움이 없었고 새로운 도전에 거침이 없는 사람이다. 책 쓰기를 실행함에 있어 두려움은 없었다. 시작하면 어떤 결론이든 도달될 것이다. 문제는 책 쓰기가 아니다. 서점에서 내 책을 보게 될 불특정 독자들의 입장이다.

　내 글이 어떤 평을 받게 될까. 네이버 블로그에 글 쓰는 것과는 개념이 다른 문제였다. 상위 노출된 블로그의 글은 영향력이 매우 강하다. 그러나 문제성 콘텐츠의 경우 순위가 오래 가지 않으며 심각한 경우 저품질로 블라인드 된다. 한시적으로 분위기를 만들 뿐이다. 그러나 책의 기록은 마치 성경처럼 반영구적으로 세상에 흔적을 남길 수 있다. 세상에 도움이 되는 책, 내가 그 정도 위치의 사람인가 라는 의구심이었다. '내가 책을 쓰는 것이 옳은 결정인지' 두려움도 있었다.

책 쓰기는 사람마다 다르지만 짧게는 5개월 길면 1년이 넘는 시간이 든다. 나에게는 5개월도 긴 시간이다. 만약 그 정도 세월을 투자했는데 책의 내용이 별로라고 해보자. 그래서 팔리지도 브랜딩도 안 되는 결과를 맞이한다면 그야말로 난 실패다. 고작 한 권으로 내가 영향력을 갖춘 포지션을 확보할 수 있을지 많은 생각이 머리를 스쳐 갔다. 온통 의문투성이었다. 우여곡절 끝에 책을 무사히 발간했고, 나는 현재 책 한 권으로 베스트셀러에 올랐다.

수많은 강연 기회를 얻고 브랜딩의 빌드업에 성공했다. 이런 나도 두려웠다는 걸 말하고 싶다. 지금 당신은 책의 마지막 장을 읽고 있다. 책의 1페이지부터 난 다양한 메시지로 당신에게 용기와 긍정적인 인사이트를 주었다. 그럼에도 여전히 불안하고 망설일 것이다. 18년간 글쓰기를 해온 나도 확신이 없었으니 당연하다. 이 책을 읽고 있는 당신의 입장이 그때 나와 크게 다르지 않다.

하지만, 지금 도전도 안 하고 포기한다면 많이 후회할 것이다. 당신은 평범한 사람이 아니라는 사실을 잊지 말자. 작가라는 시장은 블루오션이다. 전자책과 비교를 불허한다. 아마도 대한민국 누구도 부정할 수 없을 것이다. 내 결심은 어쩌면 도박이었다. 내 결심을 지인들에게 알렸을 때 그들은 나를 응원했다. 하지만, 솔직한 그들의 마음은 "그러다 말겠지."였을 것이다.

난 결심을 실행에 옮겼고, 단독 저서 쓰기를 시작했다. "공저도 있는 군이 왜 수고를?", "대필 작가는 있을 텐데." 다양한 주변의 이야기를 들었다. 그러나 이것은 자존심의 문제다. 나는 전문가다! 그것도 대체 될 수 없는 업계 탑 클래스 인재다. 그 정도의 전문가가 단독 저서 한 권도 없다는 건 부끄러운 일이다.

솔직히 많은 작가들이 대필 작가를 쓴다. 그런 시장도 있어야 대필가들도 먹고살 것이다. 이것이 경쟁 시장에서 이승윤 작가의 또 하나의 경쟁 포인트다. 대필 작가가 하는 일은 나의 이야기를 받아쓰는 것이다. 창작이나 거짓말로 포장하지는 않지만, 난 좀 더 정직하게 승부하고 싶었다.

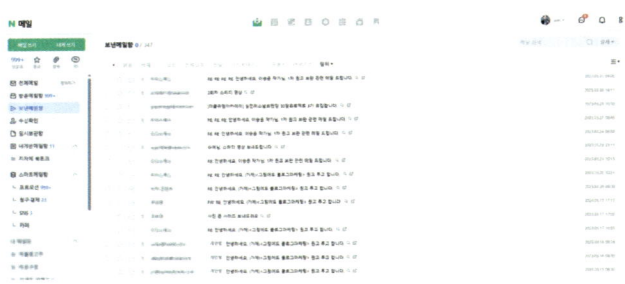

그렇게 글쓰기를 시작했다. 다행히 나는 4개월 만에 글을 모두 썼고 5개월 차에 교정 작업을 하며 책이 완성됐다. 그리고 출판사 100여 곳에 이메일로 출간기획서와 원고를 첨부하여 보냈다. 그렇게 우연히 좋은 출판사와 계약을 했고 출간이 된 것이다. 그리고 거짓말처럼 내가 원했던 명성과 힘을 얻게 되었다.

책을 내기 전에 명심해야 할 팁이 있다. 내 원고가 언제 완성될 거라는 보장된 기약은 없다. 그것은 누구도 장담할 수 없는 일이다. 그렇지만!! 반드시 해야 할 일이 있다. 출간 전 내가 책을 쓰고 있다는 사실을 주변에 홍보해라. '그러다 말겠지.'라는 시선도 있겠지만, '잘해봐!! 발간되면 꼭 얘기해.' 이같이 응원의 소리가 더 많다. 그리고 정말로 책이 발간되면 생각보다 많은 이들이 구매를 도와준다.

사전 홍보를 많이 한 만큼 책이 팔릴 수 있는 기대효과가 크다. 얌전히 있다가 어느 날 갑자기 "저 책 나왔어요." 말하면 모두 당황해한다. "언제 글을 썼어? 뭘 썼는데?"라는 반응 이상을 기대할 수 없다. 그리고 갑작스러운 상황을 받아들이기 어려워한다. 당연히 구매는 즉시 일어나지 않는다. 결국 출간 초 셀링에 실패하게 된다. 초기 셀링이 잘 되어야 베스트셀러에 수월하게 오를 수 있다. 이점 반드시 반드시 참고하기 바란다!

사람들은 큰 기대는 안 하지만 사실은 기다린다. 정말로 당신이 책을 내 주기를 말이다. 한국은 인맥 사회다. 사람들은 주변에 영향력 있는 인적 인프라를 두고 싶어 한다. 우리는 멋진 사람을 사귀고 싶어 하며 끊임없이 관계를 맺으며 살아간다. 금수저로 태어난 사람이 아니라면 처음부터 사회적 위치가 있는 사람을 알고 지내는 것은 불가능하다. 그렇게 열심히 사는 지인들이 하나둘 영향력을 갖추면 우리는 인생을 잘살았다 소리를 듣기도 한다.

예로부터 어른들이 '친구를 잘 만나야 한다.'라고 하셨다. 다 이유가 있는 것이다. 서로를 본받고 긍정적인 영향력을 나눌 수 있는 관계의 중요성은 여기서도 알 수 있다. 사람들은 당신이 영향력을 갖추기 기대한다. 그리고 당신이 작가가 되는 순간 희열을 느낀다. 자신의 사회적 위치가 함께 올라

갔다는 일종의 보상을 느낀다.

이것은 인맥 사회인 한국의 문화인 것이다. 참고로 난 고등학교 동창이 현직 가수다. 그것도 아주 잘나가는 국내 탑 클래스 유명 가수다. 공교롭게도 그 친구랑 현재 연락하고 지내지는 않는다. 그럼에도 나는 '이런 친구가 있다.'며 자랑스럽게 떠들고 다닌다.

고3 수험생 친구가 있는데 공부를 지나치게 잘하면 서울대에 가주길 바랄 수 있다. 고시 공부를 하는 취준생이 있다면 반드시 합격해서 판검사가 되어주길 기대한다. 우리들은 이렇게 상대방을 위한 응원과 기대를 한다. 그리고 그들의 성공이 마치 내가 이룬 것처럼 느끼기도 한다.

이처럼 당신이 작가가 된다면 지인들은 당신을 자랑하고 싶어 한다. 내가 책을 내고 전국투어 북토크를 할 수 있었던 원동력 중 하나는 '소개'였다. 내 지인들은 나를 자랑스러워한다. 물론 전부가 그렇지는 않겠지만 대다수 그렇다. 수강생부터 비즈니스를 함께하는 동료들까지 다양하다. 그들의 소개와 주최로 전국구 강연 행사를 할 수 있었고 브랜딩에 큰 도움을 얻었다. 이 시간을 잘 버텨라. 그리고 책 한 권이 만들어주는 내 삶의 변화를 누려보자.

나만의 핵심 솔루션 제시 & 원고 투고

Q1 독자들에게 전달하는 나만의 솔루션을 정리해보자.

Q2 프롤로그를 통해 기획의도를 확실하게 기록하자.

Q3 출판사 이메일 정보를 수집 & 리스트업 해보자.

에필로그

책 한 권 낸다고 '내 삶이 달라질 수 있다?!'

말장난이 아니다.

그 정도로 가치 없는 일이라면

책 쓰기를 두려워하는 사람은 없을 것이다.

또 내가 굳이 당신에게 권하지 않는다. 고민할 필요 없다.

대신, 그만큼의 보상이 있기에 수고가 크다.

그래서 당신이 포기하는 순간 꿈은 사라진다.

타이핑을 멈추지만 않는다면… 다행이다.

"되고 싶다는 희망이, 될 수 있다는 착각으로 끝난 게 아니니까."

- 드라마 <대행사> 명대사 중

고민할 에너지가 있다면 도전하라.

책을 다 만들었다면 방심하지 말고,

반드시 당신의 퍼스널브랜딩을 위한

SNS 마케팅을 시작하자.

아마도 1년간 숨 가쁜 시간을 맞이하게 될 것이다.

생각보다 많은 곳에서 당신을 강사로 불러줄 것이다.

그리고 명심하자.

철저한 자기관리와 이미지메이킹은 필수다.

책을 마치며… 상상도 못 할 보상이 당신을 맞이해줄 것이다.